CUEVA ÁNGELES

Lecciones desde lo más profundo

CUEVA ÁNGELES

Lecciones desde lo más profundo

Cristóbal Colón

Cristóbal Colón © 2024
Todos los derechos reservados.

No se permite la reproducción a un sistema informático, ni su transmisión a cualquier forma o por cualquier medio, sea electrónico, mecánico, fotocopia, grabación u otros métodos, sin el permiso previo del autor. Diríjase al autor si necesita fotocopiar o reproducir algún fragmento de esta obra.

Edición: Daryana Rivera/ Ediciones Enserio
Diseño de portada: Cristóbal Colón
Impreso en Estados Unidos.

ISBN: 979-8-340-90304-4

"Conozco a Cristóbal Colón, personal y profesionalmente, desde hace muchos años. Hemos colaborado en multitud de ocasiones y es un ejemplo de tenacidad, integridad y profesionalidad. Su actitud hacia la vida y su dilatada experiencia en el mundo de los negocios le convierten en una persona imprescindible a la que vale la pena seguir de cerca. Aprender de personas como él siempre es una buena decisión".

—*Oscar Feito, emprendedor digital y creador de La Academia de Marketing Online (España)*

"Cristóbal lleva a los lectores a un viaje transformador de autodescubrimiento y aventuras emocionantes, compartiendo sus experiencias personales y las invaluables lecciones que aprendió a lo largo del camino. Con vívidas anécdotas, destaca el papel crucial de la preparación y el delicado equilibrio entre conocimiento, actitud y acción para lograr el verdadero éxito. Este libro enciende una chispa de inspiración en los lectores, instándolos a perseguir sus pasiones con determinación inquebrantable y una mentalidad positiva. Sirve como un poderoso recordatorio de que, si bien el entusiasmo es esencial, debe ir acompañado de las habilidades y conocimientos necesarios para superar los obstáculos y hacer realidad nuestros sueños. Si estás en búsqueda de inspiración y motivación para embarcarte en tu propio viaje de autodescubrimiento y triunfo, este libro es para ti".

—*Rocío Pérez, president & CEO Inventiva Consulting, autora de "IMPARABLE: 7 Pasos Para Convertirse En Un Líder Más Proactivo" (Estados Unidos)*

"Ha sido un placer leer este libro. Es una lectura esencial para cualquier persona interesada en aprender cómo la resiliencia y el enfoque correcto pueden ayudarnos a enfrentar desafíos en todos los aspectos de la vida. La historia de Cristóbal es un testimonio inspirador de superación personal y exploración. Su mensaje más resonante es que el entusiasmo sin conocimiento es peligroso y puede llevar al fracaso, pero también nos enseña cómo superar la mentalidad de víctima y la importancia vital de una actitud positiva para superar obstáculos. Definitivamente lo recomiendo para todos aquellos que buscan profundizar en el entendimiento de sí mismos y del mundo que los rodea".

—*Nicky Mondellini, actriz, locutora y artista de doblaje (Estados Unidos)*

"En mi experiencia personal, he visto la relevancia de las lecciones que Cristóbal presenta en este libro: superar la mentalidad de víctima, buscar mentores que respalden tu crecimiento, y forjar y mantener relaciones personales significativas y duraderas. Para mí, la lección más crucial: el desarrollo personal es un proceso continuo. No dejes de aprender, no dejes de crecer. Recomiendo este libro a cualquiera que esté comprometido con su propio desarrollo y evolución diaria".

—*Joel Gándara, autor de "31 Días para convertirte en un mejor hombre", coach y empresario (Estados Unidos)*

"La transformación interior, la expansión de la consciencia, el identificar nuestras creencias limitantes y la conversación genuina con nuestro ser es una labor de toda la vida. Iniciar este camino casi siempre es doloroso, principalmente para el ego, y nos reta de mil y una formas, hasta que comprendemos que no hay enemigo alguno afuera, que todas las respuestas están dentro nuestro y que somos el único enemigo por vencer. Cristóbal y el relato de sus aventuras exteriores e interiores son una muestra de ello y una gran inspiración para quien se adentre en las páginas de este libro".

—*Paula Morelos Zaragoza, autora de los libros "Mujer a Prueba de Balas" y "Soy Suficiente" (México)*

"Soy claustrofóbica. Y nunca imaginé que el relato íntimo de Cristóbal Colón sobre su azarosa iniciación en el peligroso y tenebroso mundo de la exploración de cuevas subterráneas me fuera atractivo. Lejos de ahuyentarme, me atrapó con gran emoción. Este libro es más que una aventura para los interesados en la espeleología; es una historia entrañable de superación personal y un ejemplo iluminador para que sus lectores nos animemos a enfrentar la aventura de vivir nuestras vidas. ¡Una narración tan trepidante como emotiva que no pude dejar de leer!"

— *Virginia Gómez, La Hora Mágica (Puerto Rico)*

"Además de transportarte mentalmente en una impredecible aventura a las profundidades de una oscura y misteriosa caverna, Cueva Ángeles te retará a incursionar en lo más profundo de tu ser y a lograr los cambios que elevarán tu vida a un nivel de excelencia. La manera en la que Cristóbal transita del emocionante relato de su expedición en la Cueva Ángeles, a las lecciones de inspiración y empoderamiento es tan sutil que absorberás la información de manera natural y querrás tomar acciones decisivas e inmediatas. Cueva Ángeles te cautivará y no querrás soltar el libro hasta terminarlo".

—*Sophía Aguilar, conferencista inspiracional (México)*

"Cuando la oscuridad es total y el camino hacia la superficie parece inalcanzable, es cuando el autor encuentra la claridad y la sabiduría que marcarán su vida para siempre. Prepárate para una odisea emocional que revela verdades universales sobre la resiliencia y el poder del espíritu humano. Este libro es una guía para aquellos que buscan enfrentar sus miedos y descubrir su verdadero potencial. Queda claro que, para el que persevera, la luz siempre encuentra una grieta entre la más densa oscuridad".

— *Víctor Lleras, futurista, conferenciante internacional y autor*

"Es conocida la fascinación del hombre por las cavernas. Estas fueron nuestras primeras casas y aparecen desde temprano en la historia humana como refugios, primeros templos, salones de fiestas, rituales y artes. Tanto en los Salmos de Moisés y David, la filosofía de Platón, las confesiones de Agustín o la Divina Comedia de Dante, las grutas traen imágenes a nuestro pensar y metáforas para el diario vivir. Este es el caso de mi amigo Cristóbal Colón, su experiencia en una cueva rebasa el mero sentido de supervivencia de un espeleólogo. Cristóbal no solo cuenta una anécdota en una cueva de enigmático nombre, sino que va más profundo, nos invita a entrar a aquel más difícil e inexplorado espacio aún por conquistar; el alma y la voluntad humana. Y celebro este viaje, unas letras que brotan como la sonrisa de su autor, sinceras y llenas de agradecimiento. Párrafos cándidos como el alma noble que escribe, pletóricos de anécdotas, rebosantes de valores humanos. Un texto necesario, porque gracias a Cristóbal entendemos que hay un tipo de socorrismo, imprescindible hoy, que no solo rescata cuerpos, sino que también libera almas".

—*Rubén Ortiz, director espiritual*

A Steve Segal… maestro, mentor, amigo y ejemplo a seguir, para mí y para mi familia.

A Luis R. Rodríguez Rivera «Wito» … ya no estás aquí para que recordemos esta historia, y para escribir otras nuevas. Te has llevado una parte de mi memoria, una parte de mi historia y un apoyo para vivir.

CONTENIDO

PRÓLOGO	12
INTRODUCCIÓN	16
I.	20
ENTUSIASMO SIN PREPARACIÓN ES IGUAL A FRACASO	20
La invitación	20
Comienza la aventura	24
II.	30
SUELTA LA AUTOVICTIMIZACIÓN	30
Sumidero Ángeles	30
La tortura	32
III.	40
TRABAJO EN EQUIPO	40
Gaviota Rescate	40
Continúa el camino	44
IV.	48
PONTE A PRUEBA SALIENDO DE TU ZONA DE COMODIDAD	48
Preparación para la buceada	48
Entrada a la grieta	49
La primera espera	50
V.	58
PREPÁRATE PARA LO PEOR, ESPERA LO MEJOR	58

La crecida	58
La segunda espera	59
VI.	**68**
EL MIEDO ES TU COMPAÑERO EN EL PROCESO	**68**
Seguir a pesar del miedo	68
VII.	**78**
LA URGENCIA AL ACTUAR Y LA CALMA AL ESPERAR	**78**
Luz al final del túnel	78
Reorganización y regreso	79
La tercera espera	81
VIII.	**88**
LA IMPORTANCIA DE CREAR Y CUIDAR RELACIONES DURADERAS	**88**
Carlsbad, Nuevo México, 2003	88
IX.	**100**
LA BENDICIÓN DE TENER UN MENTOR, Y SER UN MENTOR	**100**
El rescate	100
X.	**108**
EL PROCESO NUNCA SE DETIENE	**108**
El viaje de regreso	108
XI.	**114**
COMIENZA AHORA CON LO QUE TIENES A LA MANO	**114**
Empieza con lo que tienes	114
Agradecimientos:	124

*«Es bajando al abismo
como recuperamos los tesoros de la vida.*

*Donde tropiezas,
ahí yace tu tesoro.*

*La misma cueva en la que temes entrar
resulta ser la fuente de lo que estás buscando.
La maldita cosa en la cueva
que era tan temida
se ha convertido en el centro».*

—JOSEPH CAMPBELL

PRÓLOGO

"Crecer duele", me dijo un amigo cuando rechacé su oferta de trabajo. Habíamos estado platicando durante tiempo y todo apuntaba a que era una gran opción para mí. Sin embargo, decidí no aceptarla por el riesgo que conllevaba el cambio. En ese momento no entendí qué me quiso decir. Todo el camino de regreso a mi casa estuve pensando en sus palabras. Incluso, molesto, estuve a punto de mandarle un mensaje. "¿Quién se cree que es juzgándome de esa manera?", pensé.

Poco tiempo después, me di cuenta de que mi trabajo se había tornado aburrido, repetitivo y demasiado seguro. Estaba en una zona de confort. Las personas nos encontramos comúnmente buscando la seguridad, evadiendo el riesgo y manteniéndonos en un sitio de confort. El miedo nos hace alejarnos del riesgo, mantenernos vivos, sobrevivir. Sin embargo, ¿qué nos hace en ocasiones buscar de forma deliberada y consciente ese riesgo? Existe una teoría que habla sobre los *"sensation seekers"* o exploradores de emociones. Son aquellos que tienen la tendencia y/o el deseo de superar límites y desafiar la seguridad, los que buscan constantemente nuevas experiencias y estímulos, pero, sobre todo, emociones intensas y fuertes. La atracción por actividades de alto riesgo es un ejemplo de ello, involucra la búsqueda de la recompensa hormonal de la adrenalina y el cortisol como drogas naturales. Ese gusto lo tenemos todos, algunos más y algunos menos. Algunos lo buscan en los más altos niveles de una empresa, manejando billones de dólares, otros manejando una ambulancia o una patrulla, otros en un *affair* y otros adentrándose en la oscuridad de una cueva como Cristóbal.

¿Cómo es adentrarse voluntariamente al desconocimiento, a la oscuridad y al peligro? ¿Por qué lo hacemos? ¿Cuál es la manera correcta y segura de hacerlo? Este libro me llevó a una de las más grandes aventuras que he leído durante los últimos años. Si bien solamente una vez en mi vida he hecho espeleología, las narraciones de Cristóbal me llevaron a recordar las emociones, angustias, miedos, y felicidad en ese trayecto. Hombro con hombro, recorrí esta fascinante aventura junto con él y sus narraciones. Lleno de emociones, el libro me cautivó y sus narraciones me atraparon.

Sin embargo, quiero señalar que no es necesariamente un libro de espeleología. Las lecciones que los actos de vida de otras personas nos enseñan, son perfectamente atribuibles a otros aspectos de la vida; a los muchos aspectos que cotidianamente vivimos y con los que cada uno de nosotros de forma individual e independiente se enfrenta día a día. Pareciera ilógico aprender de negocios al decidir adentrarse en una aventura de este tipo, y, sin embargo, no lo es. Pareciera inverosímil aprender sobre las relaciones humanas, por ejemplo: la elección de pareja o amigos, la relación con nuestros hijos o el trato cotidiano con socios de negocios, y tampoco lo es. Es retador pensar que a través de una aventura, de un viaje por una caverna, pueda aprender sobre riesgo y seguridad cotidiana.

Reflexionar sobre mi vida a través del camino de Cristóbal fue completamente enriquecedor. Es claro que todos podemos enseñar algo y de todos podemos aprender, pero, sobre todo, es importante saber que, si bien no tenemos nosotros todas las respuestas, sí están todas las respuestas disponibles en la sabiduría, la experiencia y la vivencia de los demás. El gran secreto de la vida es acercarse a las personas correctas para que, a través de sus experiencias, nos enseñen. Crecer es enfrentar tus miedos, es acercarte hacia tus inquietudes, resolver tus dudas, buscar los momentos de felicidad; esto con el contraste de las emociones positivas y negativas y de enfrentarse cada uno a su interior, casi siempre menos explorado y más oscuro que la más recóndita de las cavernas y ríos subterráneos. ¿O acaso hay algo menos explorado que nuestro interior?

Nunca fui cobarde, siempre fui un niño, un joven y un adulto muy echado para delante, pero había olvidado lo que es enfrentarse a los riesgos, a las complejidades, a los cambios… a la vida misma. "Crecer duele…", ¡vaya que me dolió esa frase y vaya error no haber aceptado su oferta! ¡Qué mucho hubiera crecido! En fin, simplemente enfrentar esa decisión, fue enfrentarme como Cristóbal a una gran caverna oscura que ahora conozco y que no me volvería a dar miedo.

Rodrigo Llop
Septiembre, 2024, Ciudad de México

INTRODUCCIÓN

PAUSE, REWIND, REFLECT...

Pausa, rebobina, reflexiona... así comienza el capítulo ocho del libro *Not Dead Yet: The Memoir*, la autobiografía de Phil Collins. Soy un gran fanático de su música y de la banda Genesis, así que comencé a escuchar el audiolibro, narrado por él mismo. Escuchar sus palabras desde su propia voz tiene un encanto especial, pues hace sentir cierta cercanía con él y con su historia. Esas palabras resonaron profundamente conmigo: "pausa, rebobina, reflexiona...", tanto así que me impulsaron a escribir esta introducción que tanto había postergado por no tener clara las ideas. Escribir este libro me ha obligado a hacer precisamente eso: pausar, rebobinar, reflexionar.

Durante años he presentado charlas y conferencias motivacionales en las que comparto las grandes lecciones de vida que he aprendido en las actividades que he realizado fuera del entorno laboral/profesional: la exploración de cuevas y las aventuras en la naturaleza. Para realizar esas actividades de manera segura comencé un largo proceso de aprendizaje y capacitación, y terminé certificándome como instructor en espeleosocorro (rescate en cuevas), rescate en ríos y búsqueda y rescate. Por años enseñé a muchas personas el conocimiento y las destrezas necesarias para disfrutar de todas estas aventuras de manera segura, pero en un momento dado descubrí que todo lo aprendido en seguridad y rescate estaba influyendo también en otros aspectos de mi vida. Mi forma de hablar, pensar, sentir y relacionarme con los demás iba cambiando. Comencé a incorporar conceptos, actitudes y destrezas del mundo del rescate a mi vida diaria. Ideas que aparentaban ser exclusivas del socorrismo, poco a poco se fueron incorporando en otras áreas de mi vida. El manejo del miedo, el trabajo en equipo, la planificación y preparación, la comunicación precisa y clara, la priorización y el autocuidado… Mi personalidad, mi estilo de trabajo y mi actitud ante la vida se enriquecieron con estos valiosos conceptos y comencé a compartir estas lecciones en artículos en mi blog, en publicaciones en redes sociales y en charlas motivacionales. El próximo paso lógico era escribir un libro...

A principios del 2024 comencé un programa virtual de escritura con Rodrigo Llop. Lo he admirado desde la primera vez que escuché su podcast «Azul Chiclamino». Su estilo al compartir ideas y su visión del mundo es única. Y luego, cuando escuché sus narraciones, en especial su primer audiolibro «Avisen a Berlín», mi admiración hacia él creció. Llegué a decir: "Quiero ser como Rodrigo cuando llegue a ser grande", aun cuando soy varios años mayor que él.

Con Rodrigo me obligué a hacer lo que dice Phil Collins en su libro: pausar, rebobinar, reflexionar. Al "rebobinar la cinta" de mi vida pude repasar muchos sucesos, eventos, y momentos que me hicieron aprender y crecer, y cuando retorné muy atrás en el tiempo reconecté con la historia que te comparto en este libro: la primera visita a Cueva Ángeles. Ese día fue un punto de inflexión, tal vez una intersección en el camino donde escogí la ruta a seguir por muchos años. Al reflexionar sobre esa primera gran aventura puedo ver las semillas que se sembraron. Pero más importante aún, puedo ver las personas y las circunstancias que sirvieron de abono para que esas semillas germinaran, crecieran y se convirtieran en este libro que tienes en tus manos.

A través de todo el contenido que encontrarás a continuación, descubrirás que uno de los grandes propósitos de este libro es honrar y agradecer a varias personas muy valiosas en mi vida. Y sí, posiblemente ya leíste la sección de agradecimientos, pero la gratitud es algo que nunca sobra, y soy de los que piensa que siempre puedo agradecer una vez más.

Y quiero comenzar agradeciéndote a ti, por tener este libro en tus manos y leer mis palabras. Agradezco tu tiempo y atención, y espero que las historias y las lecciones compartidas a través de cada una de estas páginas sean de gran beneficio para tu vida. ¡Gracias!

Cristóbal Colón Torres
28 de mayo de 2024
Las Piedras, Puerto Rico

I.

ENTUSIASMO SIN PREPARACIÓN ES IGUAL A FRACASO

«La preparación, como he dicho a menudo, constituye, con razón, dos tercios de cualquier empresa».
—AMELIA EARHART

La invitación

Era mi primer viaje a una cueva «de verdad»: la Cueva Ángeles. Desde niño quise tener aventuras, explorar, descubrir cosas. Era asmático y a causa del asma no me permitieron participar en deportes. Era flaco, enclenque, y torpe. Ni siquiera me dejaban jugar en la lluvia; pues el fango y la humedad me darían "mazamorra" en los pies, decía mi mamá. Todos esos deseos de aventura y exploración podían manifestarse sólo en mi imaginación. Era tímido y casi no tenía amigos. Caminaba solo por los montes y campos de mi barrio, imaginando aventuras donde yo era el protagonista y héroe. Además, en el monte y en mi mente no necesitaba mucho: un palo podía ser un rifle, una espada, una lanza, un caballo. Tenía que crear todo en mi mente porque era imposible antojarme de algún juguete, pues sabía que nunca llegaría a tenerlo por nuestros escasos recursos. Así que el juguete más versátil era mi imaginación.

Ansiaba crecer, ganar dinero y poder hacer las cosas que quería… así llegué a la adultez. Me gradué de Ingeniería y conseguí un trabajo; no el que soñaba, pero el que me daría la oportunidad de ganar algo de dinero. Era un buen empleo; tal vez el salario no era el mejor, pero varios compañeros de universidad habían conseguido trabajos con salarios menores. Durante ese tiempo pude comprar mi primer vehículo y me sobraba algún dinerito para mis pasatiempos. Tenía la juventud y el deseo de trepar montañas, penetrar cuevas, y sumergirme en océanos. Ya había tomado clases de buceo y tenía una novia y un grupo de amigos con los mismos anhelos, las mismas frustraciones, y el mismo deseo de aventura.

Uno de estos amigos era Wito. Nos conocimos en ese primer trabajo que tuve como ingeniero y nuestra amistad fuera del entorno laboral estaba en desarrollo. Wito era la persona más tímida que había conocido en mi vida, al menos con personas que no conocía. Sin embargo, era muy metódico e inteligente, y tomaba muy en serio los proyectos que iniciaba, ya fuera en su profesión o en sus pasatiempos. Nunca imaginé todo lo que nos tocaría vivir juntos, incluyendo esta primera gran aventura, la primera exploración en una cueva.

En alguna ocasión vi un reportaje en las noticias sobre un grupo que exploraba cuevas y ríos subterráneos, y hacía cosas que yo soñaba hacer algún día. Existía formalmente desde 1976, aunque algunos de sus miembros llevaban ya varios años en estas actividades. Entre sus socios había personas que llegaron por diferentes motivaciones y aficiones: geología, biología, hidrología, fotografía, cartografía, rescate. El nombre del grupo era SEPRI (Sociedad Espeleológica de Puerto Rico). Comencé a asistir a sus actividades y reuniones y me di cuente de que, así como yo, la mayoría llegaba por el deseo de aventura.

Antes de llegar a Cueva Ángeles ya había visitado una o dos cuevas "básicas" con la gente de SEPRI. Y con "básicas" me refiero a cuevas secas, de fácil acceso; cuevas a las que podías entrar caminando, sin necesitar equipo especializado ni cuerdas. Un casco, linternas, ropa y calzado apropiado, algunas baterías, agua y alguna merienda en tu mochila eran suficientes para esas primeras cuevas. Había tomado clases de espeleología básica y había comenzado a comprar poco a poco el equipo necesario. Sin embargo, Cueva Ángeles era diferente. Esta era la primera cueva "complicada" que visitaba, de gran tamaño, con un río subterráneo, parte del famoso sistema de cavernas del Río Camuy.

Visitar una cueva con río subterráneo es como combinar dos aventuras en una: explorar una cueva, y disfrutar de un río. Requiere equipo adicional: chaleco salvavidas, ropa apropiada (si posible, un traje isotérmico o *wetsuit*), mochila o sacos impermeables, entre otros. Además, necesitas experiencia, ya sea la que aportas, o la que traen otros compañeros más experimentados. Yo no tenía esa experiencia. El equipo podía comprarlo, la experiencia no tanto.

Por eso me sorprendió cuando nos invitaron a Wito y a mí a participar en una exploración subacuática en Cueva Ángeles. "Subacuática" significaba que la parte importante de la exploración la realizarían unos buzos de cuevas, buscando encontrar nuevos salones y cuevas dentro del sistema. Como no tenía la experiencia, pensaba que alguien había visto en nosotros algo especial, algún potencial, para invitarnos a esta expedición. Claro, todo el mundo piensa que es especial, que tiene un talento único, y que en algún momento alguna persona inteligente descubrirá su talento. Me sentí súper emocionado y entusiasmado por esa invitación. Me sentía especial, elegido.

Tiempo después pude entender qué era lo que yo realmente aportaba a esa exploración; mi entusiasmo, el deseo de participar. Dicen que la ignorancia es atrevida, y aunque nunca me he considerado muy intrépido ni temerario, en ese momento no tenía la experiencia ni el conocimiento para equiparar mi entusiasmo.

En un momento de mi vida estudié con Ganga White, un reconocido maestro del yoga. Viajé a Santa Bárbara, California, para tomar su capacitación como instructor. Esta práctica cambió mi vida, incluso en áreas más allá del bienestar físico, emocional y espiritual. En una de sus clases aprendí un concepto que me ha acompañado hasta hoy y es la base de mi forma de pensar y vivir.

Se trata de la postura del triángulo (trikonasana) y su significado. White nos explicó que el triángulo tiene tres lados que representan lo que necesitas para vivir una vida en balance: conocimiento, actitud y acción. También nos enseñó la importancia de buscar una igual proporción de esos conceptos en nuestras vidas. Necesitamos desarrollar nuestro intelecto, aprender constantemente y adquirir conocimiento. También es vital tener una actitud positiva, cuidar nuestro estado de ánimo, y vivir con entusiasmo. Y, finalmente, tenemos que actuar y trabajar para alcanzar nuestras metas; siempre buscando que nuestra vida sea un triángulo equilátero.

Si descuidamos uno o más de estos conceptos, se afecta nuestro comportamiento, productividad y bienestar. Por ejemplo: en nuestro trabajo, cuando damos prioridad al conocimiento y la acción, pero no cultivamos la actitud positiva, simplemente sobrevivimos. Ganamos un salario, pero vivimos sin propósito, sin motivación.

Cuando abunda el conocimiento y la actitud, y descuidamos la acción, terminamos siendo esa persona que es muy capaz, muy conocedora, agradable y positiva, pero que nunca alcanza sus metas porque nunca actúa. Se queda todo el tiempo en los planes y metas. No tiene la disciplina para alcanzar sus sueños a través de sus acciones.

Cuando abunda la actitud y la acción, pero escasea el conocimiento, se llegan a cometer muchos errores porque no se tiene el conocimiento adecuado ni la capacidad, esto puede llegar a ser muy peligroso. Un ejemplo claro fue esa exploración a la que nos habían invitado a mi compañero y a mí. Yo tenía el entusiasmo, la curiosidad, y el deseo de aventura, pero no tenía mucho conocimiento, y eso no me ayudaba mucho. Lo que me alentaba era que por lo menos tendría el respaldo de otros exploradores experimentados que participarían en ese viaje. Lo importante era prestar atención, seguir las indicaciones de los más expertos y buscar aprender. Tenía la esperanza de que los compañeros de expedición tuvieran el deseo de compartir su conocimiento y enseñarme, estaba muy emocionado por esa aventura, y a la vez muy agradecido por la gran oportunidad. Tal vez esa expedición sería una especie de prueba, posiblemente para pasar de nivel novato a compañero útil. Más adelante me daría cuenta de la verdadera razón de la invitación.

Comienza la aventura

Llegó el anhelado sábado en la mañana. Ya me había encargado de comprar algunas cosas que me hacían falta para la expedición. En aquel entonces, el presupuesto limitado y el desconocimiento se reflejaban en el equipo que tenía. Mi casco de espeleología era un casco de construcción que me habían dado en mi trabajo como ingeniero. Le coloqué una pegatina para cubrir el logo de la agencia donde trabajaba e improvisé una cinta con una hebilla plástica para atarla bajo mi barbilla y evitar que el casco se cayera. Compré un chaleco salvavidas, de esos que venden para los pescadores, con bolsillos, de color verde similar a los uniformes militares. Recuerdo que cuando fui a pagarlo la cajera me preguntó sorprendida si era un chaleco antibalas. Realmente no me sorprendió su pregunta porque aquel chaleco para nada reflejaba deportes o aventuras.

También compré unas botas de las que se usan para construcción: toscas, ordinarias, incómodas. Para nada tomé en consideración que iba a una expedición a una cueva con un río subterráneo. Agua que entraba a las botas, agua que se quedaría en su interior más tiempo de lo necesario. Al menos ya tenía a la mano un chaleco salvavidas, aunque fuera de pescador, y las botas de construcción que pensaba me funcionarían bien. Mi ignorancia e inexperiencia ya se reflejaban en mi equipo, que sería la causa de gran parte de la tortura que recibí ese día.

Como es rutina en esas expediciones, me levanté a las cinco de la mañana. Preparé mi "sofisticado y numeroso" equipo, además de baterías, agua y comida para el largo día. Monté todo en mi vehículo y salí a la calle. Llegué al punto de encuentro acordado y casi todo el grupo que sería parte de la exploración estaba allí. Después de los saludos y unos minutos de espera se anunció la salida. En el lugar al que iríamos no había mucho espacio para estacionar nuestros autos. Así que debíamos organizarnos, repartirnos en unos pocos vehículos y dejar los demás allí. Me monté en el vehículo de Wito y desde allí arrancamos en caravana para Camuy. Éramos tal vez unas 12 personas en 4 o 5 vehículos. Antes de llegar paramos en una panadería y desayunamos lo que sería la última comida caliente en muchas horas. Y no podía faltar el café para subir las energías antes de comenzar la exploración.

Finalmente, llegamos. Luego de estacionarnos, los buzos y organizadores de la expedición comenzaron a descargar equipo: tanques de aire (al menos 6), "chapaletas" (aletas), máscaras de buceo, lámparas, baterías recargables y muchas otras cosas. La montaña de equipo crecía. La historia que te estoy contando ocurrió en el año 1993, y no existía tal cosa como luces tipo LED, de poco consumo y tamaño reducido. Eran linternas con bombillas convencionales o de halógeno, grandes y hambrientas de electricidad. La tecnología de baterías recargables que hoy conocemos tampoco estaba muy avanzada en aquel entonces. No existían baterías de litio u otras formulaciones químicas modernas. Eran baterías recargables parecidas a las de los vehículos; contenían plomo y eran pesadas.

Además, el buceo en cuevas es uno de los deportes… espera… ¿Le debo llamar deporte a este tipo de loca actividad…? Bueno, es uno de los métodos de exploración más peligrosos del mundo. Por lo tanto, el equipo que se utiliza es diferente al de buceo normal. La redundancia y la prevención son muy importantes. El buzo debe llevar varias fuentes de luz con suficiente carga o baterías para anticipar cualquier problema. También se debe usar un casco de espeleología para proteger la cabeza de estalactitas y rocas en los túneles y pasillos por donde se buceará. Se usan dos reguladores de aire, dos válvulas y otros equipos duplicados.

Además, se avanza en la exploración hasta consumir un tercio del aire disponible. Así consumes el segundo tercio de regreso, y el último tercio se mantiene como reserva por si encuentras algún contratiempo. En el buceo recreativo marino avanzas hasta estar cerca de la mitad del aire disponible, y regresas con la segunda mitad. A fin de cuentas, en el mar puedes salir a la superficie y respirar. En una cueva no hay superficie, solo un techo con estalactitas y rocas que representan un riesgo adicional.

Por otro lado, contrario al océano, la visibilidad normalmente es pobre. No tienes espacio libre para moverte, solo túneles y grietas. Por eso siempre debes marcar tu camino con un cordel y un tipo de flechas plásticas para que puedas regresar por esa misma vía. Sí, el buceo en cuevas es una de las actividades más peligrosas del mundo. Y volviendo a la preparación de la expedición: había mucho equipo y pocas personas. En ese momento entendí la razón fundamental por la que me invitaron. No era por mi talento, ni porque era especial. Este fue el gran primer secreto que aprendí en la espeleología:

"Si te invitan a una exploración subacuática y NO eres buzo de cuevas, realmente serás un burro de carga".

Como era el más novato, me quedé observando lo que ocurría, esperando instrucciones. Hasta el momento no había visto a alguien que asumiera el rol de líder en la expedición. Pude notar que los buzos conocían lo que había que hacer, pero no lo comunicaban de manera clara, al menos para mí, un completo neófito. Aunque lo pude ver, no le presté importancia a que varios del resto del grupo seleccionaban alguna pieza de equipo que no fuera grande o pesada, la guardaban en su mochila y comenzaban a caminar hacia la cueva. Veía que poco a poco había menos personas, y la montaña de equipo era aún muy grande. Al final, quedamos solo los buzos, alguna otra persona, Wito y yo. Y aún quedaba mucho equipo en aquella pila.

En ese momento comencé a comprender que mi entusiasmo me había puesto en una situación desventajosa. Sin el conocimiento y la experiencia no podía tomar buenas decisiones por mí mismo. Tenía que aceptar las decisiones de otra persona y seguir instrucciones sin la certeza de que estaba haciendo lo correcto. En ese momento tenía la sensación de que algo no estaba bien, pero no tenía el fundamento para opinar, ni las experiencias previas para comparar.

El entusiasmo y la actitud positiva es vital, pero sin el respaldo del conocimiento y la experiencia de acciones previas, el entusiasmo puede ser una gran desventaja. Si eso es lo único que aportas, si esa es tu única fortaleza, serás un *cheerleader* o un espectador viendo desde afuera a los jugadores en el campo participando y buscando la victoria. O como en mi caso, aquel día en esa exploración, me convertiría en un posible inconveniente, en una preocupación adicional para el grupo.

Tuvimos que repartir mucho equipo entre las pocas personas que quedábamos. Alguien sacó una vieja y enorme mochila que estaba en pésimas condiciones; remendada en algunas partes y no tenía una de las correas de hombro originales. Comenzaron a llenarla con la mayoría del equipo que quedaba. Para colmo, también habían reparado y sustituido la correa original con una cinta de *nylon* de una pulgada de ancho... ¿Y a que no saben qué? Me tocó a mí cargar aquella enorme mochila pesada, con varias baterías en su interior y equipo adicional. Además del peso y tamaño, sabía que la mochila no sobreviviría aquella expedición. No tenía que ser buzo, espeleólogo o experto para darme cuenta de eso. En ese momento oré para que yo sí pudiera sobrevivir a lo que venía.

Abrumado por el trabajo que me tocaba, miré con esperanza a Wito:

"Oye, ¿tú me ayudas si se pone la cosa muy difícil?", le pregunté.

"Sí, ¡claro!", contestó en una afirmativa que no parecía muy convincente. Pero aún no lo conocía lo suficiente como para detectar duda o falta de compromiso en sus palabras.

Puse la mochila en mis hombros como pude. Tuve que arrodillarme para poder entrar mis brazos entre las correas. Me levanté con esfuerzo. Supe que podía cargarla; el problema era por cuánto tiempo podría hacerlo. Tenía que inclinarme hacia el frente para mantener el balance y poder caminar.

Así comenzamos el camino hacia la cueva. Por suerte, en ese tramo la vereda era fácil, llana y sin muchas dificultades, pero en pocos minutos me di cuenta de que el paso de Wito era mucho más rápido que lo habitual. Poco a poco me fui quedando atrás. Tenía una «idea» de lo que encontraría más adelante, pero no había tenido una experiencia real similar. Esta sería la tercera cueva que visitaba en mi vida. Aunque la primera no cuenta... fue una visita al Parque de las Cavernas, bajando hasta la entrada de la cueva en un *trolley*, caminando en una cueva iluminada, sobre pasillos de concreto y con barandas para apoyarse. En el interior de la segunda cueva no estuve más de 45 minutos. Una persona sensata diría que yo no estaba listo para lo que venía. Estaría largas horas en una cueva con un río subterráneo, con exploradores y buzos experimentados. De repente me volví a sentir como aquel niño flaco, enclenque y torpe... y empecé a lamentar haber aceptado la invitación a esa expedición.

Cristóbal Colón

II.

SUELTA LA AUTOVICTIMIZACIÓN

«Hacernos la víctima es una forma de evitar la responsabilidad por nuestras propias acciones, sentimientos y decisiones. Es una forma de culpar a los demás de nuestros propios problemas y carencias».

—ROBERT S. MCGEE

Sumidero Ángeles

Seguí caminando por la vereda y a poca distancia del estacionamiento llegué al primer sumidero que bajaría en toda mi vida: el sumidero Ángeles. Desde el borde pude apreciar su tamaño. También pude ver que la vereda que nos esperaba más adelante no era fácil ni llana. Me enfrentaría a una pendiente que requeriría mucho esfuerzo y cuidado, y tenía que buscar el apoyo de todo lo que estuviera a mi alcance para agarrarme y mantener el balance. Aún con mi poca experiencia, lo primero que pensé fue que esa pendiente que iba a bajar tendría que subirla al regresar, y no tenía idea de cómo sería la exploración, ni cuán agotado estaría al regresar.

Un sumidero o dolina es una depresión geológica que ocurre en regiones kársticas por todo el mundo. Una región kárstica tiene un origen geológico diferente. Hace muchísimos siglos esta región estaba en el fondo del mar. Y por movimientos de la corteza terrestre y el paso del tiempo, se levantó y quedó sobre el nivel del mar. Está compuesta por material de tipo calizo, un material relativamente blando, permeable y que se disuelve fácilmente por el agua. Por lo tanto, la lluvia, la erosión y el paso del tiempo crean formaciones muy peculiares, incluyendo cuevas y cavernas. Además, es común encontrar fósiles de vida marina en esta región. Hay sumideros por disolución: en los que el agua de la lluvia busca correr y penetrar al suelo, disolviendo el terreno a su paso. Así, buscando el camino de menor resistencia poco a poco se van formando un tipo de embudos que facilitarán que el agua se mueva y penetre el terreno por algún hueco o grieta. También hay sumideros por hundimiento o colapso. Estos ocurren cuando una cueva subterránea crece y con el paso del tiempo finalmente su techo colapsa, dejando un gran hueco en el terreno.

Mientras un sumidero de disolución parece un gran embudo, un sumidero por colapso parece un gran hueco en el terreno, como un gran cráter, pero con paredes mayormente verticales. El sumidero Ángeles, en el que nos estábamos adentrando, se creó por hundimiento. Es impresionante llegar a su borde, ver su tamaño y la empinada pendiente que debes bajar para llegar a su fondo.

Comencé el descenso, y, aunque era accidentado y complicado, la gravedad estaba a mi favor y la energía que consumía era menor. Sin embargo, había comenzado a resbalarme y caerme en el lodo. Obviamente, la incómoda y pesada mochila me restaba agilidad y afectaba mi balance de forma negativa. La tortura física de la expedición había comenzado, pero por suerte, como decimos en Puerto Rico, "bajando hasta las calabazas ruedan". Continué bajando, agarrando cuanto punto de apoyo encontraba en mi camino: ramas, troncos, raíces, lianas. Resbalando, moviéndome como podía hasta llegar al fondo del sumidero.

Al llegar te encuentras con un montón de rocas que hace siglos componían el techo de una cueva. Terminé el descenso y pude ver la entrada a la cueva a varias decenas de metros a mi derecha al sur. Desde ahí tenía que comenzar a moverme por el fondo del sumidero, una zona de colapsos llena de rocas que hacen el camino bastante complicado. La gravedad ya no estaba a mi favor y comenzaba a entender que había tomado una muy mala decisión al comprar unas botas baratas y aceptar cargar el monstruo de mochila que llevaba en mi espalda.

La tortura

En el mapa de una cueva siempre se ilustran con un símbolo especial las zonas de colapsos. En estos lugares el movimiento se vuelve más lento, complicado y riesgoso. Se encuentran rocas de todos tamaños, algunas inestables, pueden dañarte la travesía. En algunos lugares trepé sobre rocas y caminé sobre ellas. En otros momentos me subí a la roca como pude, me arrastré, y me deslicé para continuar mi rumbo. Comencé a sentir el impacto de las botas sin unas plantillas acojinadas que suavizaran el golpe de cada paso… sin una buena protección en mis tobillos… sin un ajuste apropiado que evitara el movimiento de mi pie dentro de la bota. Y, para colmo, sin medias apropiadas ni *sock liners* que protegieran los pies. Cada tropezón se sentía fuerte y en vez de amortiguar cada golpe, parecía que las botas lo magnificaban.

Me moví entre los peñascos y rocas, aun viendo el cielo azul de aquella mañana, hasta que finalmente llegué a la entrada y el cielo sobre mí desapareció, tapado por el techo de la cueva. Ya Wito se veía bastante distante y apenas alcanzaba a ver al resto del grupo. En ese momento escuchaba mi respiración agitada, sentía el gran peso de la mochila, colocaba mi mano entre la cinta derecha y mi hombro para evitar que esta me lastimara, repasaba mentalmente los machucones que aún se sentían… caminaba con dificultad. Mi mente tenía tiempo y espacio para manifestarse y complicarme aún más el camino. "Eres un estúpido por no haber actuado diferente. Estarías ahora muy cómodo en tu apartamento, tal vez tomándote un café y haciendo nada. Siempre has sido débil y torpe, y aún de adulto sigues siendo igual", mis pensamientos comenzaban a traicionarme.

El esfuerzo físico que requería la travesía era una tortura, y mi mente actuaba como una turba insultándome y aplaudiendo cada golpe recibido. Cada escena, cada momento en nuestras vidas se puede describir al menos de dos maneras: lo que ocurre en nuestro entorno, en el mundo físico, y lo que ocurre en nuestra mente, los pensamientos que ocupan nuestra atención. Nuestra mente quiere explicar todo, aun cuando no tenga suficientes datos para hacerlo; lo que vemos, el comportamiento de las demás personas, hasta las circunstancias que nos rodean y los eventos que ocurren. Funciona como si jugara a llenar los blancos con lo que tenga a la mano: traumas, prejuicios, experiencias negativas del pasado o simplemente mitos y falacias. En mi caso, llenaba los blancos con mis sentimientos de debilidad y torpeza infantil.

Inicialmente pensaba en la aventura, en la emoción de explorar cuevas, pero no había entendido la dimensión interna tan profunda en la que estaba entrando, esa dimensión en la que crecen librémente tus miedos, donde habita el pesimismo y la manifestación de tu ser es ínfima. Ese espacio en donde te sientes pequeño, temeroso, incapaz…. como una completa víctima.

En esta exploración que apenas comenzaba, en esta cueva espectacular y a la vez peligrosa, también comenzaba una larga exploración de mi ser interior; un lugar lleno de temores, traumas, inseguridades y pesimismo en aquel entonces. Todo ese tumulto interno comenzó a manifestarse. Comencé a sentirme solo y desgraciado; sentí que Wito era un pésimo amigo. Pensaba que no sería capaz de completar la exploración; como en tantas cosas en mi vida, terminaría rajándome. Continué caminando y adentrándome en la cueva. El camino era un poco mejor después de los colapsos del sumidero. No digo que era más fácil, pero sí menos complicado. Poco a poco fui entrando en la penumbra. Aún llegaba la luz del exterior, pero la oscuridad empezó a dificultar el paso.

Recordé mi niñez en aquella barriada al lado de un cementerio. Al llegar el ocaso, esa transición extraña entre el día y la noche me afectaba emocionalmente. La oscuridad de la noche arropaba todo lentamente. Todo se volvía más misterioso, y afloraban mis miedos e incertidumbre. Siempre era un reto decidir el momento preciso para encender una bombilla. Mi mamá me regañaba si notaba que aún había claridad suficiente y yo había encendido aquellas bombillas incandescentes y hambrientas. No había luces en la calle, mucho menos en el cementerio. Por minutos sentía la noche apoderándose de mi vida, acompañada de cuentos que rondaban por mi mente sobre muertos, espíritus y apariciones, hasta que mi mamá daba el visto bueno para encender las luces. Al menos en nuestra casa desaparecía la oscuridad; se alejaba, se mantenía a alguna distancia prudente.

Éramos una familia pobre, no teníamos televisor. El pasatiempo en las noches era sentarnos en el balcón, escuchar la radio AM o las historias de Don Críspulo, un vecino viudo que siempre nos contaba sobre apariciones y cosas misteriosas. Y allí, mirando a la distancia a la oscuridad y al cementerio, me sentía seguro bajo la luz de la bombilla del balcón. Sí, la penumbra me trae una rara nostalgia que siempre recuerdo antes de decidir encender mi linterna.

De vuelta en el sumidero, encendí la lámpara montada en el casco. Sabía que no era a prueba de agua, pero me tocaría verificar cómo funcionaría en una cueva con río subterráneo. Al menos tenía una linterna de mano para buceo en mi mochila. Si mi lámpara barata en el casco fallaba, la linterna de buceo sería mi plan B. El peso en mi espalda era insoportable. La tira improvisada de la mochila se acomodaba justo entre mi chaleco salvavidas y la piel, buscando enterrarse. Sentí que empezaba a deshacerme, como los remiendos de aquella horrible mochila. Tuve que parar para revisarla y acomodar algunas cosas para que no se salieran por el hueco que se abría por las costuras que fallaban. Me senté sobre una roca. Me quité la mochila y la puse en el suelo. Al hacerlo, una disimulada lágrima se asomó por mi ojo derecho. No sé si fue el dolor físico, el alivio de soltar el peso de la mochila, la frustración por la situación, o simplemente regresar a mi niñez cuando una lágrima atraía la siempre reconfortante ayuda de mi mamá. Aproveché unos instantes para respirar libremente, sin el peso en mis hombros, sin la compresión en mi pecho de aquella mochila.

A mediados de 2023 tuve la oportunidad de conocer a Joel Gándara, un empresario estadounidense de origen cubano. Cuando él tenía 4 años, su familia escapó de Cuba en una peligrosa travesía en un pequeño bote en el que llegaron a la Florida, Estados Unidos. Pude conversar con Joel sobre su trayectoria en mi podcast llamado: "¡Nos Cambiaron los Muñequitos!". Su historia va desde vender tarjetas coleccionables de *Garbage Pail Kids* a sus compañeros de escuela, vender ropa interior en «pulgueros» (*flea markets*, mercadillos), hasta crear, crecer y vender su propia marca de ropa interior. En la actualidad, Joel se dedica al *coaching* empresarial y personal, y publicó el libro "31 Días Para Convertirte en un Mejor Hombre: ¡Súbele un nivel a cada área de tu vida!". En el libro presenta tácticas y retos para mejorar aspectos de la vida masculina en áreas como la salud, condición física, finanzas, relaciones, seguridad, comunicación y otras. Joel es un ejemplo vivo de lo que enseña, y considero que ha tenido éxito en muchos aspectos de su vida, pero una de las cosas que me ha sorprendido de él es que reconoce que aún tiene que esforzarse por no caer en "la mentalidad de víctima". Joel reconoce siempre el riesgo de comenzar a sentirse como víctima, específicamente cuando las cosas no fluyen como él quiere, cuando surgen obstáculos y complicaciones imprevistas. Siempre mantiene la "guardia arriba", observando su comportamiento, supervisando sus pensamientos. Cuando la cosa se pone difícil y los resultados no son los esperados, a la primera señal de empezar a caer en la mentalidad de víctima, comienza una conversación seria consigo mismo. Busca atajar ese declive anímico y mental y animarse para no caer en ese estado negativo. Y, obviamente, ya sabe cómo manejar el proceso y reponerse manteniendo una actitud positiva.

La autovictimización existe en nuestras vidas porque en algún momento la hemos usado y nos ha funcionado. Me viene a la mente cuando éramos niños y llorábamos para conseguir lo que

queríamos, incluso exagerando el drama y la actuación. En mi país decimos: "el que no llora, no mama". Y aunque nos ha funcionado en algunos momentos consiguiendo lo que queremos, llega un momento en la vida de cada persona en que la autovictimización obstruirá su crecimiento y progreso. Pienso que hay tres factores que nos llevan a asumir el rol de víctima:
1. La búsqueda de reconocimiento y atención
2. El evadir responsabilidades
3. Justificar nuestras debilidades y defectos

La búsqueda de atención es obvia cuando la autovictimización se manifiesta en nuestra conducta y en nuestras palabras. Ya mencioné el ejemplo del llanto de un infante o el berrinche de un niño. También me viene a la mente las veces que he visto a adultos autolamentándose, hablando de sus desgracias y mala suerte, o las personas que coleccionan "tragedias" y las comparten cada vez que pueden. Es como si compitieran por el premio a la vida más trágica o desgraciada. Pienso que cuando nuestro comportamiento y palabras demuestran que estamos desesperadamente buscando atención, la autovictimización está muy arraigada en nuestro ser y requerirá mucho trabajo y esfuerzo eliminarla.

Por otro lado, la autovictimización a nivel de nuestros pensamientos es peligrosa y dañina, y comúnmente no se percibe desde afuera. Muchas veces nuestro comportamiento e interacciones con los demás no reflejan de manera obvia el libreto de víctima que internamente seguimos, y es que ese libreto nos funciona en muchas situaciones cotidianas. Podemos tener una vida más "fácil" cuando evadimos responsabilidades, tareas, trabajos, promesas a los demás o a nosotros mismos. Además, comenzamos a mirar el pasado para buscar excusas y justificaciones para nuestros defectos y limitaciones.

Muchas personas viven toda su existencia así y no tienen problema con eso. Buscan un empleo que les permita "sobrevivir", no aspiran a una posición más alta en su trabajo porque sería mayor responsabilidad, cualquier problema en su vida es a causa del "gobierno incompetente que no les ayuda y se roba todo el dinero", o su "vecino desconsiderado que hace todo por fastidiarle", o su compañero de trabajo "egoísta, oportunista e hipócrita que hace todo lo posible por que no progrese". Siempre es alguien más o algo más. Tal vez no "echa pa'lante en la vida" porque viene de una familia humilde, de un barrio pobre o porque no pudo ir a una buena escuela o universidad. Y claro, es fácil acostumbrarse a esa vida si muchas personas a tu alrededor viven igual. Es fácil vivir así si tenemos una explicación lógica de porqué somos así. En más de una ocasión he escuchado esa frase que tanto odio: "Yo soy así, breguen con eso". O esta otra muy parecida: "Yo soy así, el que me quiera me tiene que querer así".

¡Cuántas veces me he repetido a mí mismo que vengo de una familia pobre, que mi mamá no sabía leer ni escribir, que soy tímido y que necesito un buen empleo con un buen salario porque no sé generar mis propios ingresos! Por mucho tiempo he batallado, y aún sigo en guerra, con esta autovictimización, pero llega el momento en que empiezas a pensar que quieres una vida mejor, que quieres reescribir el libreto que has usado hasta ahora, que quieres cambiar la ruta del camino que has seguido hasta hoy porque quieres llegar a un destino diferente. Llega el momento en que tienes que decidir si tomas la píldora azul para seguir con tu vida actual o escoges la píldora roja para emprender el duro camino de vivir la vida que quieres.

Pero ¿qué puedes hacer después de escoger no seguir siendo una víctima? Lo primero es entender que no es un camino fácil y que es cuesta arriba recorrerlo solo sin personas que te ayuden a llegar al destino que deseas. El famoso empresario, autor y conferencista, Jim Rohn, dijo una vez: "Eres el promedio de las cinco personas con quienes compartes más tiempo". Entonces, tu tarea es buscar esas cinco o más personas que eleven tu promedio, que tengan afinidad con tus metas e intereses. Si deseas ser empresario, busca rodearte de empresarios. Si quieres ser escritor, rodéate de escritores. Si quieres mejorar tu salud, frecuenta a personas que ya cuidan su salud. Cambia tu entorno y mejora el círculo de personas que influyen sobre tu vida.

Retomaré el relato de la expedición más adelante, pero ahora quiero hacer un detente para encomendarte que busques un mentor que te ayude a recorrer el camino que te has propuesto. Alguien que ya haya recorrido el camino que has escogido, que haya alcanzado las metas que deseas conseguir para tu vida. No te limites a un solo mentor; busca ayuda y apoyo de mentores en las áreas de tu vida que lo necesiten: finanzas, salud, educación, crecimiento profesional, relaciones, vida familiar, etc. No tiene que ser un mentor "oficial". Puedes comenzar con leer libros que te interesen y convertir al autor o autora en tu mentor extraoficial. En mi caso, el Dr. Wayne Dyer se convirtió en un mentor en mi vida, aun cuando nunca lo conocí ni vi en persona. Sus libros se convirtieron en una fuente de inspiración y consejo para mí. También puedes escuchar podcasts o buscar contenido de YouTube, y lograr mayor cercanía con el autor o creador por medio de la voz y el mensaje que transmite. En mi caso, John Lee Dumas, Pat Flynn, Melvin Rivera Velázquez y Rodrigo Llop son figuras determinantes en mi crecimiento y progreso.

Tal vez hay alguien cerca de ti a quien puedes observar con curiosidad, fijarte en su comportamiento y sus logros. Sería mucho mejor si puedes acercarte y hacer preguntas, y si esa persona tiene una mentalidad de mentor, o el potencial de serlo, sentirá el deseo de contestar tus preguntas y ayudarte. Si pone objeciones o rechaza contestar alguna de tus preguntas, es muy probable que no tenga potencial como mentor, o simplemente no funcionará para ti. Si esta persona no es la indicada, sigue buscando con entusiasmo y curiosidad. Y recuerda que un mentor puede ayudarte en algún aspecto de tu vida y/o en alguna etapa de tu vida, pero es probable no pueda ayudarte en todo y a todas horas. Tal vez el mentor que te ayudó cuando empezaste un empleo no te podrá ayudar cuando subas a una posición gerencial. Quizás el mentor que te ayudó a crear tu negocio no podrá ayudarte a conseguir el primer millón de dólares en ventas o a comunicarte mejor con tu pareja. En mi caso, en aquel momento de tortura comenzando la exploración de cueva Ángeles, descubrí a quien sería uno de mis primeros mentores.

La oscuridad, el cansancio y la acuosidad en mis ojos no me permitían ver bien. Vi una luz que se acercaba. Escuché el ruido acercarse y pude distinguir una silueta. Era Steve, uno de los líderes de la exploración. Era el último del grupo y se había quedado atrás a propósito. Al llegar y verme, creo que inmediatamente pensó que necesitaba ayuda. Puede parecer una exageración, pero pienso que ese momento cambió el rumbo de mi vida.

III.

TRABAJO EN EQUIPO

«Recuerda que el trabajo en equipo comienza por generar confianza. Y la única manera de hacerlo es superar nuestra necesidad de invulnerabilidad».

—PATRICK LENCIONI

Gaviota Rescate

Hace algún tiempo había tomado mi primer curso de cuerdas y *rappelling* con Steve en su tienda Gaviota Rescate. Eso fue a principios de los años 90; tal vez 1991 ó 1992. Eran los primeros años del internet y su acceso era poco común, desconocido e inaccesible para la mayoría de las personas. La forma de buscar información y aprender nuevo conocimiento en esa época era algo completamente diferente a lo que hoy día conocemos. Tal vez casi imposible de imaginar para las nuevas generaciones.

Un grupo de amigos, incluyendo a Wito, queríamos aprender a descender por cuerdas. Y lo más que podíamos hacer era visitar una librería y ver si podíamos comprar algún libro sobre el tema. En mi búsqueda, solo encontré un libro sobre escalada en roca, escrito en un castellano europeo, con términos que no entendía y equipos que no conocía y ni siquiera sabía dónde y cómo adquirirlos. Otra alternativa que teníamos para informarnos en aquel entonces era conseguir alguna revista sobre el tema, o algún catálogo de compras por correo. Pero no pudimos conseguir ninguna de esas. Por suerte, alguien en algún momento pasó por una avenida en San Juan y vio el letrero de una tienda que decía "Gaviota Rescate". Acudimos a las páginas amarillas de la guía telefónica, conseguimos el número de teléfono y llamamos. Así terminamos tomando nuestro primer curso de *rappelling* o, en términos más formales, técnicas verticales. Steve, su esposa Carmen y su empleado Rambito nos iniciaron en este camino.

El mismo Steve que se había detenido frente a mí en la expedición, para mi gran alivio. Me ayudó con la mochila. Sacó algunos de los equipos que cargaba en ella, los sostuvo en sus manos y me ayudó a continuar el camino. Pronto comenzó a gritar al resto del grupo para que hicieran una parada.

"¡Hey! ¡Paren ahí! ¡Paaaaaren!" gritó.

Alguien le escuchó y le contestó preguntando qué pasaba.

"¡Grítale al resto del grupo al frente! ¡Diles que paren! ¡Que nos esperen!", respondió Steve.

Su nombre completo es Steve Segal. Y en la década de los 90 estaba en el pico de su fama el actor y artista marcial Steven Seagal. Por lo tanto, era muy común que alguien al escuchar su nombre hiciera alguna broma con el nombre de ese actor. Incluso años después, Steve y yo participamos en un programa de televisión hablando sobre la recuperación del cuerpo de una joven fallecida en un río y el periodista comenzó la entrevista con la broma de que tenía en los estudios a Steve Segal y a Cristóbal Colón.

Steve es abogado, empresario, agricultor, espeleólogo, rescatista, ávido lector y gran conocedor de muchas áreas de la cultura. Tenía una presencia imponente y a la vez afable que se unía a una voz calmada que transmitía seguridad y confianza. Aún fuera del mundo espeleológico, aparte de todo su conocimiento y experiencia en rescate y cuerdas, tenía cualidades y atributos que me inspiraban admiración.

Además, había sido presidente de SEPRI y era el encargado del Comité de Seguridad y Rescate. Era el gurú en todo lo relacionado a cuerdas y equipos de técnicas verticales. Y lo más importante, era un líder natural. Mejor aún, era una figura paternal que inspiraba respeto y a la vez brindaba confianza y seguridad. Así que cuando Steve avisó que hicieran una parada, el resto del grupo obedeció sin cuestionar. Caminamos hasta alcanzarlos.

"Vamos a sacar todo el equipo de esta mochila y a repartirlo entre todas las demás mochilas. Esta mochila ya no sirve y no se puede usar. Y además estamos explotando a este pobre muchacho", dijo Steve.

No tuvo que decir mucho más. El respeto hacia él y su influencia en el grupo era evidente. Inmediatamente comenzaron la redistribución del equipo. Lo que había ocurrido antes, al comenzar la mañana, no fue una distribución de equipo; al menos no una equitativa. Simplemente cada cual agarró lo que le parecía conveniente y emprendió su camino. Por naturaleza, por instinto, siempre vamos a buscar lo que es mejor para nosotros como individuos.

En esa exploración había tres tipos de personas. Primero: los novatos inexpertos (Wito y yo) que no sabíamos qué hacer y estábamos a la espera de que alguien nos diera instrucciones. Segundo: los que tenían un poco de experiencia, sabían a lo que se iban a enfrentar y actuaban de acuerdo con su conveniencia; agarraron algún equipo pequeño y liviano y emprendieron su camino rápido. Y, finalmente, algunos pocos que podían ver más allá de su individualidad y pensaban en el colectivo.

Se requiere esfuerzo mental y atención para pensar en los demás y actuar por el bienestar colectivo. El liderazgo requiere esa atención adicional de ver los detalles que afectan al grupo, por encima de lo que afecta a cada individuo. Podría llamarle empatía. Definitivamente, lo ocurrido antes no reflejaba liderazgo de ninguno de nosotros, ni sentido de trabajo en equipo.

Así que Steve asumió el rol de líder y nos empujó a pensar y actuar como equipo. Todo el mundo obedeció y se redistribuyó el equipo. Yo tomé algunas cosas y las coloqué en mi mochila personal... una mochila barata, de *nylon* y con patrones de camuflaje en tonos verdes. Me la había colocado al frente, en el pecho para poder cargar la pesada mochila grupal al principio de la expedición. Los harapos que quedaban de la vieja mochila al vaciarse, los doblé como pude, los eché en mi mochila y me alisté para continuar el camino.

Ya aliviada la carga en mi espalda pude comenzar a disfrutar la expedición. Se me hacía más fácil estar de pie y caminar con equilibrio. Ya no tenía que inclinarme exageradamente hacia el frente para compensar el peso en mis hombros. Mi mirada no tenía que enfocarse en el próximo paso para evitar un tropezón o evitar perder el equilibrio. Ahora podía mirar al techo, a las paredes, apreciar las formaciones, las bellezas en el camino. Mi mente abandonó el diálogo de víctima. Incluso, poco a poco dejé de pensar en lo mal amigo que me parecía que era Wito.

Es común pensar en el concepto de trabajo en equipo simplificándolo a un líder dirigiendo y un grupo de personas siguiendo y obedeciendo, pero en mi opinión, el trabajo en equipo ideal no requiere un líder en control, sino que cada integrante del equipo tenga autocontrol, autoliderazgo. Esto se consigue cuando cada integrante busca cuidar su triángulo equilátero: cultivando su conocimiento, mejorando su actitud, y poniendo esfuerzo y tiempo en su acción. Si cada integrante busca optimizar su triángulo, las interacciones y relaciones entre todos los integrantes mejora, dando como resultado un mejor equipo.

Uno de los factores que puede causar disfunción en el trabajo de un equipo es la ausencia de confianza. En una actividad de alto riesgo como la espeleología es vital que cada explorador sienta confianza en sus compañeros. Esa confianza surge primero al conocer la capacidad de cada integrante y tener una comprensión profunda de las fortalezas y debilidades de cada miembro. La combinación de esas fortalezas permite formar una sinergia que ayuda a superar obstáculos complejos y resolver problemas inesperados de manera efectiva.

Además, para sentir esa confianza en cada integrante del equipo es importante la honestidad y vulnerabilidad. Es normal que muchas personas se acerquen a la espeleología y a otras actividades con un deseo de enfrentar retos, ponerse a prueba y validar su fortalezas y capacidades. Quieren demostrarse a sí mismos y a los demás que pueden hacerlo y que se atreven a hacerlo. Superar el miedo y soportar la inclemencia y dificultades del ambiente de una cueva se vuelve muy importante para algunos. Y esto no está mal. El problema es cuando callamos y ocultamos información sobre nuestro estado físico, mental o emocional durante una exploración.

He visto casos de personas con hipotermia leve, al borde de mayores complicaciones y no lo comunican. Tal vez piensan que la hipotermia es algo que ocurre en países templados y fríos, pero no en una isla tropical como Puerto Rico. Y sí, puede ocurrir y ocurre frecuentemente en la exploración de cuevas. Además, cualquier lesión que parezca menor puede complicar toda la exploración. Un tobillo torcido tal vez no es un gran problema si estás en un parque o una cancha, pero a decenas de metros bajo tierra, a centenares de metros de la salida, implica que el equipo completo se afecta por una lesión menor de uno de los exploradores. Por lo tanto, reconocer nuestra vulnerabilidad y ser honesto con uno mismo y con nuestro equipo es vital para el éxito de una exploración.

Reconocer el problema que me causaba aquella pesada mochila fue un acto de honestidad y una muestra de vulnerabilidad. Obviamente, después de la tortura recibida y el temor de no saber a lo que me enfrentaría no había mucho deseo en mí de callar y hacerme pasar como un "superhombre". La reacción y apoyo de Steve me hizo ganar una gran confianza en él y un sentido de seguridad de que todo estaría bien. ¡Gracias, Steve!

Continúa el camino

A partir de ese punto, lo que antes vi como una tortura se transformó en una de las mejores experiencias de mi vida. Comencé a disfrutar lo majestuoso de aquella cueva: los amplios salones, las peculiares formaciones, la agradable temperatura. La exploración de cuevas no es algo atractivo para todos, pero quienes le encuentran la belleza, quedan enganchados diría yo que de manera permanente. No sé si es el saber que muy pocos se aventuran a adentrarse a esos lugares bajo tierra, la oscuridad total, el silencio, o la manifestación de aquellas ideas que llevaron a nuestros antepasados a crear los mitos de que el ser humano surgió de una cueva.

Creo que la oscuridad mengua la visión, pero agudiza el oído y el olfato. Te obliga a distinguir mejor lo poco que ves. Te empuja a concentrar tu atención solo en lo que ilumina ese haz de luz frente a ti. Muchas veces deseo, fuera de la cueva, poder ver justo lo que está frente a mí. Poder prestar atención, poder sentir, poder estar aquí, ahora, totalmente, poder manejar a voluntad ese rayo de luz e iluminar las cosas verdaderamente importantes.

A mí me emociona ver un suelo que nunca ha sido pisado, una estalactita excéntrica que nunca ha sido admirada y aun así existe, crece. Ver la interacción de la luz y las sombras creando paisajes que invitan a la imaginación. Ver colosales formaciones y columnas que demuestran que la persistencia domina al tiempo. Me impresiona ver el impacto del agua, ya sea gota a gota, o en turbulentas corrientes, labrando y tallando la cueva a su antojo, ver el efecto de la quietud en un estanque de agua con perlas de calcita o el queso suizo de una otrora sólida pared que no puede resistirse a la furia de un río subterráneo como el Río Camuy...

Luego de caminar varios minutos llegamos a su encuentro. Estábamos en un punto alto y abajo se encontraba el río. Descendimos por una ladera con algunos colapsos y llegamos a la orilla. El flujo de agua no era tanto; con mucho cuidado podríamos cruzar los 15 pies (4.6 metros) de ancho del río en aquel lugar. La temperatura era agradable y aprovechamos para refrescar nuestros pies, sacar el lodo de nuestras manos y mojarnos la cara para reanimarnos. Nunca pensé que ese tramo de río se convertiría en un gran obstáculo que nos obligaría a esperar largas horas más adelante.

Luego de cruzar el río, subimos otra pendiente no tan complicada. Llegamos a un nivel de la cueva que parecía más fácil. Después de la tortura inicial, todo parecía sencillo y fácil. Caminamos por pasillos y salones amplios y cómodos. Más adelante llegamos al famoso Lago de Norman. Tenía ese nombre en honor a Norman Veve, conocido como el padre de la espeleología puertorriqueña, un hombre extraordinario. Este lago quedaba alejado del río. Se había formado por la acumulación de agua que percolaba por las paredes y el fondo. En aquel entonces no se conocía con exactitud de dónde provenía el agua de este lago. Era un lugar espectacular; muchas personas llegaban hasta allí deseando fotografiarlo. Una foto de este lago tomada por Kevin Downey se hizo famosa en los tiempos pre-internet, siendo publicada en revistas, libros y calendarios de espeleología.

Pude cruzar el lago poniendo a prueba mi chaleco salvavidas de pescador. Comprobé que al menos no fue una mala compra. Flotar en el lago aliviaba el peso en mi espalda y me daba unos pocos minutos para relajarme. Aquel lugar fue mágico para mí. Agua calmada, quieta, en oscuridad y silencio total. Pude voltearme y flotar sobre la espalda, mirar el techo, respirar y dejarme llevar sin temor a alguna corriente. Por unos segundos creo que sentí lo más parecido posible a estar en un tanque de aislamiento sensorial. Apagué mi linterna. Sentí que el agua me cargaba. Miré al techo oscuro. En un preciso momento, los ruidos y movimientos de los exploradores cerca de mí coincidieron en una extraña pausa. Silencio. Por un instante solo escuché mi respiración y me sentí conmovido por una belleza que no veía, pero sentía en todo mi ser.

Alguien más al frente movió sus brazos para impulsarse y su chapoteo me arrancó de ese instante eterno y maravilloso, trayéndome a la realidad. Sí, había que patear y bracear para moverse y seguir el camino.

Lago Norman, Cueva Ángeles Foto por Kevin Downey, Laura Magruder, Mimi Ortíz.

Llegamos al otro lado y salimos del agua para retomar la caminata. El lago sería el último cuerpo de agua que cruzaríamos antes de llegar al punto donde comenzaría la exploración subacuática. Caminamos varios minutos hasta llegar a un salón amplio, tal vez con unos 30 o 40 pies (9 a 12 metros) hasta el techo, y unos 60 pies (18 metros) de lado a lado. Era el lugar perfecto para crear el "campamento": el punto donde esperaríamos y descansaríamos mientras los buzos hacían su trabajo. Al final del salón había una pendiente de lodo, y 30 pies (9 metros) abajo estaba nuevamente el río Camuy y el lugar para la exploración de los buzos. En ese salón nos tocaría descansar, esperar y desesperar…

IV.

PONTE A PRUEBA SALIENDO DE TU ZONA DE COMODIDAD

«Uno puede optar por regresar a la seguridad o avanzar hacia el crecimiento. Hay que elegir el crecimiento una y otra vez; el miedo debe superarse una y otra vez».
—ABRAHAM MASLOW

Preparación para la buceada

Después de caminar por colapsos, pendientes, agua en movimiento y agua quieta, llegar a este amplio salón parecía un lujo, cualquier mejoría era una gran comodidad después de todo. Esa sensación inicial se reafirmaría con los eventos que ocurrirían más adelante.

Llegamos y rápido preparamos un "campamento" improvisado en aquella zona seca y amplia, aunque no había nada que montar, solo sacar todo el equipo de buceo de las mochilas y organizarlo. Los buzos se encargarían de revisarlo y ver que no hubiera sufrido algún daño durante el camino. Luego, cada uno buscaría un espacio donde descansar, colocar su equipo y prepararse a esperar por no sé cuántas horas.

No puedes imaginar lo cómodo que puede ser una pequeña área del suelo, si está liso, si no tiene pequeñas piedras, y mejor si encuentras algún "contorno ergonómico" que ayude a acomodar tu cuerpo al llegar hasta allí. Tengo que reconocer que la almohada que mejor he aprovechado, que más he disfrutado en mi vida, es alguna roca con el tamaño y la forma correcta en el piso de una cueva.

Al final del salón había una pendiente de material arcilloso. Tenía una inclinación que permitiría bajar y subir sin la ayuda de una cuerda, al menos la primera vez. Luego, nuestras botas y ropas mojadas convertirían aquella pequeña ladera en un verdadero tobogán. Por lo tanto, había que buscar un punto donde anclar una cuerda para facilitar las subidas y bajadas constantes durante el resto del día. Unos 30 pies (9 metros) más abajo se veía agua, aunque no había una corriente. El río estaba cerca, se escuchaba su sonido. El agua en ese pequeño salón al pie de la ladera no llegaba directamente por el flujo del río, sino que percolaba por varias grietas y espacios que conectaban con el río. Tal vez a unos 60 pies (18 metros) más adelante se encontraba una vertiente del río.

Al pie de la pendiente había un hueco, una grieta en la pared. Estaba como a unos 8 pies (2.4 metros) del suelo y al asomarme podía ver que era un pequeño túnel, tal vez de unos 25 o 30 pies (7.6 a 9 metros) de largo. Al final de ese túnel había un hueco en el fondo. En ese punto comenzaría la exploración de los buzos. Ellos tendrían que subir a la grieta, arrastrarse por el túnel y sumergirse por aquel hueco. Desde allí comenzarían a instalar el cordel que marcaría su camino y garantizaría un regreso seguro.

Ya había pasado el mediodía y decidimos almorzar antes de comenzar los preparativos finales de la exploración subacuática. Los buzos comieron algo liviano que no les afectara negativamente el resto de la expedición.

Entrada a la grieta

Comenzamos a bajar los tanques y el resto del equipo por la ya fangosa pendiente. Contrario al inicio del día, en ese momento, el grupo colaboraba y trabaja eficientemente. Utilizamos la cuerda instalada y algunos compañeros se agarraron a ella en ciertos puntos para crear una especie de cadena humana y así poder bajar el equipo. Finalmente lo logramos.

El salón al pie de la pendiente no era tan amplio como el del campamento. Tenía agua y algunas pocas rocas donde podías sentarte y así evitar estar todo el tiempo en el agua. Es muy importante evitar estar en contacto con el agua la mayor parte del tiempo posible para protegerse de la hipotermia. Era mejor esperar en el salón seco superior; tal vez solo dos o tres personas podrían permanecer abajo por el espacio limitado.

Ya con todo el equipo abajo, los buzos comenzaron a prepararse. Colocaron los chalecos compensadores de flotabilidad sobre los tanques, conectaron los reguladores a los tanques, revisaron las conexiones y los niveles de aire. Continuaron con otros ajustes y preparando equipo adicional que debían llevar. Antes de ponerse el equipo de buceo, se colocaron sus cascos; ese último detalle me recordó lo diferente y peligrosa que era el tipo de buceada que estaban a punto de comenzar. Primero tendrían que subir el equipo hasta la grieta y deslizarlos por el túnel. Era muy difícil colocarse el equipo antes de cruzar el túnel y arrastrarse con el equipo a sus espaldas.

Una vez se colocó el equipo en el túnel y se hicieron las últimas revisiones, se volvió a discutir el plan de la buceada, el tiempo estimado de exploración y la hora estimada de regreso. La esposa de uno de los buzos se despidió con un beso. En ese momento estaba calmada y tranquila. Horas después la historia sería diferente.

La primera espera

La mayoría del grupo permaneció en la parte superior de la ladera, en el salón seco. Algunos buscaron un espacio algo retirado y se acomodaron para descansar o echar una siesta. Pepe, uno de los exploradores, buscó en su mochila alguna merienda, sacó una barra de *Snickers*, la abrió y le dio el primer mordisco. A esa profundidad en el terreno, a esa distancia de la civilización, la combinación de chocolate, caramelo y maní seguro sabía a gloria. Era como un postre exclusivo de un fino restaurante con 3 estrellas Michelín. Charlie, otros de los espeleólogos, estaba a su lado y en su cara no se podía disimular la envidia, el antojo de probar el *Snickers*.

"¿Quieres un ñaqui?", preguntó Pepe.

Charlie asintió con su cabeza, pero le parecía "poco higiénico" morder el mismo extremo de la barra ya mordida por Pepe. Charlie agarró la barra, le removió lo que restaba de la envoltura, y la volteó para morder el extremo "virgen" de la golosina. Mientras mordía veía la cara de asombro de Pepe.

"¿Qué?", le preguntó Charlie aún con medio *Snickers* dentro de su boca...

"¡Quédate con el *Snickers*! ¡Estás del carajo! ¡No quieres morder donde yo mordí, pero lo manoseas con los guantes llenos de barro para comerte la otra punta!" casi gritó Pepe, decepcionado por perder más de la mitad de un *Snickers*.

Muchos años después, algún colega espeleólogo saca un *Snickers* de su mochila para fastidiar a Charlie con el recuerdo de aquel momento tan "brillante".

Pienso que podemos disfrutar las cosas tanto en su presencia como en su ausencia, son importantes ambos aspectos. Puedo apreciar y valorar lo que tengo cuando periódicamente me privo de eso. Cuando exploro una cueva y sólo puedo alimentarme con un sándwich, una barrita energética, o agua a temperatura ambiente, puedo extrañar y apreciar más una comida caliente, algún rico postre o una bebida fría y refrescante. Y más importante aún, me permite sentir gratitud por esas cosas en mi vida cotidiana.

Para mí la exploración de cuevas, las caminatas en la naturaleza o el acampar, me permiten salirme de mi zona de comodidad. De esta manera puedo:

1. Apreciar y disfrutar los bienes y comodidades en mi vida
2. Agradecer y reconocer que es una bendición tenerlos

3. Poner a prueba mi capacidad de adaptación
4. Practicar el desapego de esos bienes y comodidades

En Puerto Rico hemos sido tocados por varias situaciones que nos han puesto a prueba: varios huracanes —incluyendo María—, los terremotos de enero de 2020 y la pandemia más reciente. He aprovechado esas experiencias para ponerme a prueba. ¿Qué es lo verdaderamente importante para vivir, para sobrevivir? ¿Qué cosas son realmente esenciales? ¿Cuáles otras cosas me causan angustia y aprensión cuando no las tengo, aún sin ser esenciales? He comprobado que puedo vivir sin agua caliente, sin acondicionador de aire en mi habitación, sin cable TV o internet, eso me fortalece.

Sé que no todos tenemos las mismas necesidades ni prioridades. Hay muchas personas que necesitan electricidad y un acondicionador de aire por alguna condición de salud. No pretendo restar mérito a eso, ni subestimar su situación. Pero muchos no necesitamos esas cosas para sobrevivir. Recuerdo cómo después del paso de un huracán muchas personas hacían largas filas por horas para comprar combustible y prender sus generadores eléctricos. Todo para tratar de que el nivel de comodidad en sus vidas no se afectara, porque era importante para ellos.

En mi caso, es importante salirme de mi zona de comodidad con cierta frecuencia para probarme, para recordarme lo que realmente es indispensable y esencial en mi vida. Explorar cuevas, acampar y otras actividades me sirven para eso. Esa práctica me ayuda, me facilita el proceso cuando realmente ataca la adversidad y enfrentamos un desastre natural. Sé que esta no es una recomendación que muchos quieren leer y mucho menos seguir, pero la comparto porque a mí me funciona y podría ayudarte a ti también: busca salir frecuentemente de tu zona de comodidad. Prívate de lujos y confort por algún tiempo. Sal a la naturaleza y aprende las destrezas básicas de sobrevivencia. Desconéctate de la tecnología por algún periodo. Ponte a prueba usando herramientas básicas, aprende a amarrar nudos básicos.

Si fuiste niño o niña escucha (*Boy Scout, Girl Scout*), regresa a repasar o reaprender las destrezas que aprendiste en ese tiempo de tu niñez. Podrás darte cuenta de que muchas de las cosas que pensamos son "indispensables", realmente no lo son. No darnos cuenta de esto, el apego a lo que consideramos "indispensable" nos causa sufrimiento. Sal de tu zona de comodidad. Desarrolla tu capacidad de adaptación y tu resiliencia.

«No es la especie más fuerte la que sobrevive, ni la más inteligente. Es la que se adapta mejor al cambio».

—CHARLES DARWIN

Hubo varias horas de espera durante la expedición. Tuvimos tiempo suficiente para descansar, para tomar una siesta, para caminar y curiosear examinando el salón. Incluso hubo tiempo para que alguno dejara correr su mente pesimista y se planteara el caso de que ocurriese un temblor de tierra, o una crecida del río mientras estaban allí. Pero aparte de Wito y yo, en el grupo todos eran experimentados y sabían callar. Compartir pensamientos pesimistas era señal de debilidad.

Años más tarde, dos amigos en una cueva del sistema de Río Encantado, treparon a una saliente para protegerse de la crecida del río, y mientras esperaban a que pasara la crecida, tembló la tierra… ¿Lo puedes creer? Pues sí, a veces simplemente por probabilidad nuestros pensamientos pesimistas se vuelven realidad. Y aquellos dos espeleólogos siempre fueron mirados como "aves de mal agüero".

En mi caso, la inexperiencia y desconocimiento, en conjunto con el entusiasmo y la curiosidad, no me dejaban asumir una actitud muy pesimista. Muchos años después de esta expedición todavía intento pensar, recordar cómo me sentí en aquel momento. La espera siempre afecta a todo el mundo, aunque de maneras diferentes. Me da mucha curiosidad reflexionar sobre la espera y porqué nos afecta tanto. Aunque no a todos los pone de mal humor, puedo decir que a nadie le gusta esperar. Creo que existen al menos

7 factores que afectan la calidad de la espera:
1. La **anticipación**- Sabemos que algo va a ocurrir y sabemos exactamente qué es. Por ejemplo, ordenamos una deliciosa pizza y esperamos a que esté lista y la traigan a nuestra mesa. Sabemos exactamente la pizza que ordenamos, la hemos probado antes y nos encanta. Esperar y pensar en el queso derretido, los ingredientes que escogimos, la crujiente masa... nos hace la boca agua.
2. La **ocupación**- Lo que hacemos mientras esperamos nos afecta mucho. Siguiendo con el ejemplo de la pizza, si tienes mucha hambre y poca paciencia, tal vez el juego de baloncesto en la pantalla del televisor de la pizzería te permite distraerte mientras esperas, o puedes contestar algunos correos electrónicos o enviar algunos mensajes de texto.
3. La **certeza-** El saber que algo ocurrirá exactamente o, por el contrario, no saber cuál de varias opciones ocurrirá. Sabes que la pizza que ordenaste es exactamente lo que recibirás. Y eso te da certeza, seguridad. Pero si alguien ordenó la pizza por ti, y no sabes qué ordenó, la incertidumbre no te hará sentir bien.
4. La **explicación**- El conocer los factores que explican el retraso, el tiempo de espera. Ordenaste la pizza y se tarda mucho en llegar, pero te sientes tranquilo porque ves que el lugar está repleto, y puedes entender el tiempo adicional de espera.
5. La **equidad** o justicia- La espera es igual para todos los que están en las mismas circunstancias. La espera por tu pizza es manejable hasta el momento en que ves que a la mesa de al lado ya le sirvieron su pizza y ordenaron 5 minutos después que tú. Eso cambiará tu experiencia de espera.
6. La **soledad** o la **compañía**- Es más fácil compartir la espera con otras personas que solo. Si estás en tu mesa con un grupo de amigos, esperar por la pizza se hace más llevadero.

7. La **ansiedad**- Tu estado emocional y anímico afecta tu espera. Si estás preocupado porque hay rumores de despidos en tu trabajo, o porque no sabes si el balance en tu cuenta bancaria es suficiente para pagar la pizza, la ansiedad complicará tu espera.

Puede parecer raro que use el ejemplo de una pizza para explicarte mis clasificaciones de espera, pero con el paso de los años, visitar una pizzería después de visitar una cueva se volvió costumbre para nosotros. Además, creo que a casi todo el mundo le encanta la pizza.

Volviendo a esa primera espera de la exploración, le podría llamar «la espera tranquila». Esperábamos que los buzos regresaran (anticipación) con buenas noticias de algún descubrimiento. Estábamos algo aburridos (ocupación), pero muy confiados en que los buzos regresarían sin mayores contratiempos (certeza). No sabíamos qué tan complicada sería la exploración bajo el agua y si encontrarían pasillos secos o sumergidos (explicación). Al menos todos estábamos tranquilos, descansando y conversando en aquel amplio y cómodo salón (equidad, compañía, ansiedad). En mi recién inventada escala de calidad de espera, esta primera tenía una puntuación de 5 de un total de 7. Mientras más aspectos positivos incluye, más alta la puntuación. Creo que era una buena espera.

Sin embargo, Wito y yo pronto nos aburrimos. La curiosidad de esta nueva aventura en una cueva desconocida no nos permitía quedarnos quietos. Decidimos bajar la pendiente de fango y aventurarnos a explorar un poco más allá del salón de la grieta. Bajamos y nos encontramos con Julio, que estaba a cargo de permanecer cerca de la grieta y vigilar para poder ayudar a los buzos en su regreso. Le avisamos que seguiríamos caminando un poco más adelante para mirar la cueva. Observamos que había algunas mochilas sobre las rocas que sobresalían fuera del agua, algunas vacías porque se usaron para traer equipo que los buzos estaban usando.

Caminamos en la dirección del ruido del agua en movimiento. Mirábamos curiosos las paredes, las formaciones, hasta las pequeñas piedras en el suelo. Si mirabas con atención, era común encontrarse algún fósil, alguna concha que estuvo en el fondo del mar millones de años atrás. Aún años después, siempre me emociona encontrar alguna piedra con fósil. Llegamos al lugar de donde surgía el ruido, una pequeña quebrada, una vertiente del río. El sonido del agua corriendo es hipnotizante. Algunos dicen que el agua trae energía, que recoge y almacena emociones. Algo parecido decía el Dr. Masaru Emoto en su libro *The Hidden Messages in Water*. Muchos dicen que es una pseudociencia. Realmente no sé si es así. Sólo sé que años más tarde, en otra expedición de buceo, compartía con un compañero la función de vigilar y esperar a los buzos. Sentados, esperando en oscuridad total comencé a escuchar la voz de una mujer modulada en el sonido del agua. Con dudas, le comenté al compañero. Sorpresivamente, me confirmó que había escuchado la voz de una mujer, aunque no se entendieran las palabras.

"Y ahora se escucha a un niño" dijo.

Sí, se escuchaba, se distinguía la voz de un niño... En ese momento encendimos nuestras lámparas entre asombro y temor, esperando que el estímulo visual nos ayudara a no caer en el trance del sonido del agua.

Caminando ese día en cueva Ángeles no había encontrado ningún fósil o piedra interesante. En un momento, miré al suelo que había quedado atrás por si desde este nuevo ángulo podía ver alguno.

"Wito, esas piedras que acabamos de pisar no estaban cubiertas por agua y ahora sí. ¡El río está creciendo!" grité.

Cristóbal Colón

V.

PREPÁRATE PARA LO PEOR, ESPERA LO MEJOR

«Espera lo mejor. Prepárate para lo peor. Capitaliza lo que venga».

—ZIG ZIGLAR

La crecida

Inmediatamente comenzamos a correr de regreso. Podíamos percibir la velocidad a la que subía el nivel del agua. La ruta que habíamos tomado de ida, un tramo del suelo cubierto de pequeñas piedras expuestas estaba ya cubierto de agua. Escuchamos gritos en el salón de la grieta. Por suerte, no nos habíamos alejado mucho. Ya al acercarnos pude ver una mochila que venía flotando hacia nosotros, una de las que estaban en alguna roca a 1 o 2 pies (61 cm) sobre el nivel del agua hacía unos pocos minutos. El agua crecía más rápido de lo que yo pensaba que era posible.

Llegamos al salón de la grieta. Ya Julio había gritado al resto del grupo en el salón superior. Algunos ya estaban bajando para ayudar. En ese momento comencé a sentir temor. Si el agua crecía a ese ritmo allí, en toda la cueva estaba creciendo de manera similar, o tal vez con mayor fuerza.

"Hay que amarrar una soga desde el final del túnel hasta la

salida de la grieta. Si los buzos llegan al túnel y está inundado se van a desorientar" sugirió Julio, mejor dicho, ordenó. Era evidente la preocupación y urgencia en su voz.

No había cuerda suficiente para hacer lo que decía; se habían usado en otros segmentos de la cueva, incluso en la pendiente fangosa. Steve ya había bajado con varios más al salón de la grieta e inmediatamente tomó el control.

"Busquen en sus mochilas y saquen lo que tengan: pedazos de soga, cintas, cordel… lo que tengan. Hay que unirlos y amarrarlos hasta poder llegar desde el final del túnel a la salida de la grieta", ordenó Steve.

Todos obedecimos inmediatamente. Juntamos todo lo que encontramos y comenzamos a amarrar todo lo que pudiera amarrarse. Por suerte teníamos suficiente para lograr lo que queríamos. Julio pudo colocar aquella soga improvisada y cubrir esa distancia crítica. Mientras tanto, el agua seguía subiendo. Estimo que subió unos 7 u 8 pies (2.4 metros) en 5 minutos. Era algo impresionante. Gracias a Dios que el nivel del agua llegó a pocas pulgadas de la parte inferior de la grieta. Ya no había espacio en el salón de la grieta; estaba todo bajo agua. El grupo estaba en la pendiente de fango. Ya instalada la soga era cuestión de esperar, y orar.

La segunda espera

Aquel era, con certeza, el momento más aterrador que había vivido en mi vida. Cuando lo resumo parece la trama de una película de Hollywood. Estaba a decenas de metros de la superficie, acompañado de un grupo de personas que no conocía muy bien. Confiaba tal vez en una o dos personas del grupo. Estaba en una cueva desconocida para mí, ante un río creciendo, y no tenía el conocimiento ni la experiencia para entender realmente el peligro que enfrentaba. Solo obedecía instrucciones que alguien me daba y no tenía la capacidad de juzgar si eran las más apropiadas para la situación. Realmente no podía ni opinar porque mi ignorancia e inexperiencia me ponían en el estrato más bajo de aquella sociedad subterránea. Simplemente era uno de los burros de carga.

Sorpresivamente, el miedo que sentía era menor de lo que yo esperaba. No le llamaría miedo, sino más bien preocupación. Desde el momento en que me percaté de que el río estaba creciendo, había comenzado una serie de acciones que no me habían permitido comenzar a pensar sobre la gravedad de la situación. Correr de regreso al salón de la grieta, recuperar las mochilas que iban flotando, buscar en las mochilas material para amarrar y crear una línea de seguridad, buscar un lugar en la pendiente, un espacio fuera del agua donde ubicarme para no estorbar a Julio y a Steve. La urgencia de la situación, la atención a recibir instrucciones y hacer las tareas que me pedían me había puesto en un modo de reacción, era el momento de ocuparse. Ya sentado en un pequeño espacio de la pendiente, llegaba el momento de reflexión, de análisis, de entender lo que estaba ocurriendo y ver cuáles serían los próximos pasos.

En ese momento de pausa mi mente fue invadida por pensamientos, preguntas y posibles libretos de lo que ocurriría a partir de ahí. Aunque no lo había preguntado, pensaba que tendríamos que salir de la cueva por la misma ruta que tomamos. Repasé cada tramo recorrido en la cueva tratando de determinar si estaría inundado por la crecida. Pensé que tal vez el único lugar con problemas sería el punto donde cruzamos el río, bastante cerca de la entrada. Pero no tenía la más mínima idea de cuánto podía crecer el río en ese lugar y si era posible cruzarlo.

Recordé que para cada expedición hay un protocolo de seguridad. Se establecía un plan de exploración con los tiempos estimados de entrada y salida de la cueva. Se identificaba a algún compañero que no fuera parte de la expedición y se le comunicaba el plan. Además, se acordaba una hora límite para que el líder del grupo en la cueva se comunicara con ese compañero fuera de la cueva para avisar que todo había salido bien. Si no se recibía una llamada a la hora acordada, debía iniciarse la movilización de rescatistas para ir a socorrer a los exploradores. Sabía que existía ese protocolo, pero nunca lo había visto en acción. ¿Realmente funcionaría? ¿Cuánto tardarían en ir a buscarnos si no recibían la llamada? ¿Podrían hacer algo para sacarnos si la cueva estaba inundada?

Pensé en mi novia y en mi familia. A mi mamá no le contaba de estas aventuras en las que me metía; al menos ella no estaría preocupada durante las próximas horas. Tal vez se enteraría de lo ocurrido muchas horas después si salía en las noticias de TV. Pero mi novia sí sabía dónde yo estaba. No me ayudaba en nada imaginar la preocupación y el estado emocional de ella al pasar las horas y no recibir noticias de nosotros. Y desconocía en qué parte del plan de movilización y rescate se notificaba a los familiares de los exploradores, o si en efecto esa notificación era parte del plan.

Fuera de mis pensamientos, no podía quejarme. Estaba en un lugar seguro, con personas experimentadas y conocedoras. Mi vida no estaba en peligro inmediato, pero no podía opinar lo mismo sobre los buzos. Estaban explorado lugares difíciles, vírgenes, inaccesibles para el resto del grupo. ¿Notarían que el río estaba creciendo? ¿Cómo les afectaría la crecida? ¿Se encontrarían fuertes corrientes, turbulencia, escasa visibilidad? ¿Estarían buceando o fuera del agua cuando comenzó la crecida? ¿Cuán experimentados y fuertes eran? Había mucha incertidumbre al pensar en la condición de los buzos. Luchaba con mi mente para no dedicarle tiempo ni energía a esos pensamientos fatalistas que luchaban por mi atención. Era difícil mantenerme positivo.

Brenda, la esposa de uno de los buzos, comenzó a llorar. Era una exploradora con mucha experiencia. Conocía la complejidad y el riesgo de la actividad que en ese momento realizaba su esposo. Yo no sabía cómo tomar el llanto de Brenda: si era porque entendía la situación y pensaba que estábamos todos en graves aprietos; o porque el amor y apego a su marido le nublaban el juicio y le hacían perder el control. Verla llorar no ayudaba mucho a mi tranquilidad. No la conocía muy bien. Tampoco conocía mucho a su esposo. Quise mantenerme alejado. Francamente, no quería que su llanto o sus palabras me ablandaran en aquel momento en que buscaba en mí una fortaleza inexistente.

Mientras tanto, Steve y otros se le acercaron para hablarle y consolarle. No escuchaba la conversación, pero podía ver el rostro de Steve con una expresión extraña, en algún lugar entre la serenidad y la preocupación. En ese momento el pesimismo comenzaba a dominar a la experiencia, al conocimiento, y a la actitud positiva. Era el momento de la segunda espera: la espera desesperada.

Comenzamos a esperar con preocupación. Cada minuto que pasaba se nos hacía una eternidad; significaba más pulgadas de agua donde los buzos estuviesen (anticipación). Ya habíamos hecho todo lo que podíamos hacer y nos restaba sólo esperar (ocupación). Aún al más optimista de nosotros le debe haber pasado por la mente, aunque fuese de manera fugaz, que el resultado de esta exploración fuera trágico. Realmente no podíamos tener la más mínima idea de la probabilidad de que todo saliera bien (certeza). No sabíamos hasta dónde habrían llegado los buzos y qué tan complicada sería la exploración bajo el agua en ese lugar (explicación). Diría que era imposible que alguno de nosotros estuviese tranquilo. Compartíamos de la mejor manera posible el temor, la angustia, el pesimismo (equidad, compañía, ansiedad). En mi peculiar escala de calidad de espera, esta segunda tenía una puntuación de 2 de un total de 7. Definitivamente, una espera angustiosa, desesperada.

En ese primer viaje a una cueva con río subterráneo no hay la menor duda de que yo no estaba preparado para lo que me enfrentaba. No tenía equipo suficiente ni adecuado para enfrentar los sucesos. Y tampoco tenía el conocimiento ni la experiencia para responder adecuadamente a los retos que tenía ante mí. Aun así, me sorprendió mi reacción ante esa peligrosa situación. Posiblemente el control y el comportamiento de personas como Steve y Julio me contagiaron, o, al menos me dieron la certeza de que todo estaría bien. Si ellos reflejaban calma y temperamento, pues la situación era de cuidado, pero no tan grave. O al menos las medidas tomadas para ayudar a los buzos en su regreso y la experiencia de estos les daba esperanzas de que todo estaría bien.

Ese control emocional de Steve me impresionó en esa primera exploración, pero también en muchas ocasiones posteriores. Esa es una de las cualidades de Steve que más he valorado: esa calma, esa capacidad de creerle cuando decía "no te preocupes, todo va a estar bien". Siempre he admirado eso de Steve, lograr que otras personas crean en ti, y convencerles de que todo estará bien. En muchas ocasiones posteriores acudí a él alarmado, con alguna queja, alguna observación o alguna preocupación de una "tragedia que estaba a punto de ocurrir": algún nudo que yo entendía que estaba atado incorrectamente, o no había un lugar apropiado para anclar la cuerda, o no tenía suficientes carabineros (mosquetones) o poleas para montar el sistema de acarreo (*hauling system*) que entendía hacía falta para subir a una persona por un sumidero.

La respuesta de Steve siempre constaba de dos partes. La primera siempre era la esperanza: "No te preocupes. Eso lo resolvemos sencillo". "¡Tranquilo! Vamos a ver cómo resolvemos esto". "¡Relax! Resolvemos con lo que tenemos". Y la segunda parte de su respuesta constaba de la solución al problema, a la "tragedia" que estaba a punto de ocurrir. Si era un nudo que estaba atado incorrectamente decía: "Ese nudo no recibirá mucha tensión y funciona bien para lo que queremos". Si yo creía que no había un lugar apropiado para anclar la cuerda, Steve me decía: "Atamos una cuerda en aquel árbol, otra en aquella roca en este otro lado y colocamos una polea direccional justo en este punto". Cuando me preocupaba porque no había suficientes carabineros (mosquetones) o poleas para montar el sistema de acarreo, Steve me contestaba: "Juntamos a estas ocho personas y hacemos un *Georgia Haul* (literalmente usando la fuerza de las ocho personas para halar la carga que queremos subir)".

Todos los años de experiencia de Steve, todas las situaciones que ha enfrentado y las cuevas que ha explorado le dan el conocimiento y la maña para poder presentar la segunda parte de su respuesta: la solución. Realmente admiro y valoro esa parte de la respuesta; incluso admiro esa habilidad de resolver situaciones, pero lo más impresionante para mí era esa primera parte con la que calmaba, reconfortaba y transmitía una sensación de seguridad y bienestar. Dale Carnegie dijo que debemos ser optimistas equilibrados:

> **"...sé un optimista racional que toma lo bueno junto con lo malo, con la esperanza de que, en última instancia, lo bueno supere a lo malo, y entendiendo que ser pesimista acerca de todo no logra nada. Prepárate para lo peor, pero espera lo mejor: lo primero te hace sensato y lo segundo te hace optimista".**

Es fácil ser optimista cuando desconocemos todos los detalles de una situación, los riesgos y las posibles complicaciones que enfrentamos. El verdadero reto está en comprender realmente todo lo que puede salir mal y, aun así, mantenerse positivo y optimista. Es muy fácil despachar una situación diciendo "no va a pasar nada, todo va a salir bien", cuando desconoces las probabilidades de que algo salga mal y las consecuencias y complicaciones que pueden ocurrir. La verdadera entereza de carácter se demuestra cuando tienes un cuadro claro de todo lo bueno y todo lo malo que puede ocurrir, y escoges poner tu esperanza en los mejores resultados, mientras le metes el pecho a la situación.

Por muchos años, después de la expedición de cueva Ángeles, me dediqué a capacitarme, aprender, y certificarme... buscando conseguir "la solución", y creo que conseguí el dominio de ese aspecto. Al menos los certificados y designaciones así lo confirman. Lo que no ha sido fácil de conseguir, y de demostrar, es "la esperanza". Por muchos años he acumulado conocimientos, experiencias y equipos para estar listo cuando ocurra lo peor. He aprendido, he tomado cursos de primeros auxilios, certificaciones de Búsqueda y Rescate, adiestramientos de cuerdas y nudos, capacitaciones para usar un mapa y una brújula. Estoy equipado, he preparado mi mochila de sobrevivencia para 48 horas, tengo equipo conmigo para resolver situaciones imprevistas, tengo comida y agua suficientes. He practicado, he estado en muchos ejercicios y simulacros, periódicamente he creado ejercicios para probar y practicar mis destrezas. Sí, creo que he trabajado lo suficiente para tener "la solución". Pero "la esperanza", eso es otra cosa porque la esperanza no la puedo dar, no la puedo brindar. La debo inspirar. Puedo hacer muchas cosas para ganármela, pero le corresponde a la otra persona depositar su confianza en mí, creer en mis palabras y sentir la esperanza que le quiero contagiar. Además de todos los preparativos, de todo el conocimiento y herramientas que tengo disponibles, hace falta algo más para crear confianza, para contagiar esperanza: demostrar empatía. Por ejemplo: "Estamos en una situación complicada, tal vez peligrosa, y te entiendo; conozco tu preocupación, sé los temores que sientes. Es normal sentirse así; no tienes que avergonzarte por cómo te sientes". Y luego brindar apoyo y ayuda: "Estoy aquí para ayudarte. Juntos vamos a superar esta situación. Conozco la manera para que salgamos de este problema". Puedes prepararte para lo peor por muchos años, con mucho esfuerzo y dedicación, y estar más que listo, pero sentir el optimismo, esperar lo mejor, y proyectar ese optimismo y esperanza a los que te rodean, eso es lo verdaderamente importante y gratificante.

Muchos años después puse a prueba lo aprendido en el mundo de seguridad y rescate, y pude comprobar si aprendí bien y apliqué en mi vida eso de "prepárate para lo peor, espera lo mejor". En la madrugada del 7 de enero del 2020 nos sorprendió en Puerto Rico un terremoto de magnitud 6.4. En ese entonces vivía en un apartamento en un edificio multipisos. Desperté justo cuando la electricidad se interrumpió. Inmediatamente comenzó a temblar todo. Algunos objetos de las tablillas cayeron al suelo. Mi esposa Grisselle había despertado en el mismo momento que yo. De manera sorprendentemente calmada le avisé que era un temblor de tierra y debíamos movernos. Nos levantamos y busqué a Luna, nuestra perrita *Beagle,* que ya estaba a nuestro lado, alerta y dispuesta a seguirnos. Le indiqué a Grisselle que debía ponerse algunas sandalias, o zapatos, lo que tuviera más cerca. Agarré su mano y nos movimos hasta la puerta del apartamento, evitando estar cerca de objetos o muebles que pudieran caer sobre nosotros. Ya frente a la puerta, esperamos y observamos el movimiento del edificio y los objetos en el apartamento. Pensé que ya estábamos en un lugar seguro, cerca de la salida, por si teníamos que desalojar el edificio. Había agarrado una linterna que tenía cerca de la cama, las llaves de mi vehículo y mi billetera. En mi vehículo había alguna vestimenta y otras linternas, en caso de que tuviéramos que desalojar. Esperamos unos segundos y el temblor disminuyó hasta que finalmente todo estuvo quieto. Miré a Grisselle. "¿Estás bien?" le pregunté. "Sí, estoy bien", me contestó asustada, aún con una mezcla de sorpresa y sueño en su mirada. "No te preocupes. Todo va a estar bien", le dije con una extraña calma y paz que aún a mí mismo me sorprendía, y pude ver que su rostro un pequeño indicio de alivio.

Poco más de tres años antes, habíamos recibido el impacto del huracán María y lo habíamos superado con buenas notas, al menos desde mi punto de vista. Pero un huracán te da días de aviso y preparación. Incluso te da tiempo para poder comprar algunas últimas cosas que te hagan falta e instalar tormenteras y proteger tu casa. Pero un terremoto no avisa, no permite preparativos de último minuto. El huracán María había sido una gran prueba de nuestra resiliencia y capacidad de enfrentar desastres. Pero el terremoto de enero del 2020 fue otra cosa. Llegó en medio de la noche, sigiloso en la oscuridad. Y puso a prueba nuestra configuración automática, nuestros instintos de sobrevivencia, y tendencia a caer en la histeria por el desconocimiento de lo que estaba pasando. Fue una gran prueba y creo haberla aprobado, tanto en la "solución", la respuesta a lo que pasó, como en la "esperanza", mi reacción calmada y la capacidad de dar calma y seguridad a alguien más.

Creo que apliqué bien esa gran lección: "prepárate para lo

peor, espera lo mejor". Había logrado incorporar en mí eso que admiro de Steve. No estaba cerca de él cuando consoló a Brenda. No escuché sus palabras, pero escuché cómo los sollozos se acallaban, cómo la respiración se aquietaba, cómo secaba sus lágrimas. Y me imagino que entre las palabras que hubiera pronunciado Steve estaban… "No te preocupes. Todo va a estar bien".

VI.

EL MIEDO ES TU COMPAÑERO EN EL PROCESO

«La inacción genera dudas y miedo. La acción genera confianza y valentía. Si quieres vencer el miedo, no te quedes en casa pensando en ello. Anda y busca algo qué hacer».

—DALE CARNEGIE

Seguir a pesar del miedo

Steve era una gran figura paternal en SEPRI; entre Wito y yo nos referíamos a él como "Papá Oso". Tenía una peculiar combinación de conocimiento, años de experiencia, confianza, corpulencia, y voz calmada, pero segura. Pero Steve había pasado sus malas experiencias también.

Uno o dos años antes de comenzar en la espeleología, me había iniciado en el buceo, obviamente en el mar, para nada en cavernas. Y en aquella época pre-internet, si uno quería aprender de algún tema, compraba libros o revistas especializadas. Recuerdo haber leído en una revista de buceo un artículo que mencionaba a Puerto Rico. El autor, Sheck Exley, hablaba sobre una expedición en el sistema del Río Encantado para recuperar el cuerpo de un buzo fallecido en una expedición previa. Al momento de leer aquel artículo no sabía nada sobre cuevas y espeleología. Ni siquiera sabía dónde era el lugar mencionado en el artículo. Años después, Steve nos contó sobre esa primera expedición de exploración subacuática donde él fue uno de los buzos, y uno de sus compañeros fue el buzo fallecido mencionado en el artículo que leí.

Steve fue parte de esa fatal expedición. No puedo imaginar todo lo le tocó vivir. Ocurrió en los primeros años de la década de los ochenta. Un grupo de exploradores y buzos de SEPRI decidieron estudiar un manantial en el sistema de cuevas del río Encantado. En aquella época la tecnología y los métodos para exploración subacuática de cuevas no estaban tan desarrollados. Incluso es posible que en esa época no existieran cursos ni certificaciones para esta disciplina tan peligrosa, al menos en Puerto Rico. Los buzos que se sumergían a explorar en cuevas eran verdaderos pioneros, valientes, tal vez temerarios. Eran exploradores que iban abriendo brechas, inventando en la marcha las herramientas que les ayudarían a continuar explorando, mientras protegían sus vidas. Modificaban sistemas, procedimientos y equipos diseñados para el buceo en aguas abiertas para poder usarlos en un ambiente tan hostil como lo es un río subterráneo.

Recuerdo haber visto un reportaje que decía que las últimas fronteras para la exploración por el ser humano son tres: el espacio, el fondo del océano y las cuevas. Y pienso que la exploración subacuática de cuevas le añade los riesgos de la exploración oceánica a la ya peligrosa exploración espeleológica. En aquella expedición en río Encantado había varios buzos y se hicieron varias buceadas. La naturaleza de la exploración y el tamaño de los lugares por donde se bucearía requería que fueran pocas personas en cada sumergida, dos o tres solamente. Además, esto permitía hacer más buceadas con personal "fresco" para continuar explorando. En muchas cuevas hay baja visibilidad y normalmente se complica cuando entran los primeros buzos. Las burbujas que salen de los reguladores de los buzos flotan y al chocar con el techo hacen que sedimentos y partículas acumuladas se desprendan y enturbien el agua. Esto dificulta la visibilidad. Por eso es requerido usar una línea guía, una especie de cordel, con unos marcadores para poder asegurar el regreso de los exploradores.

En una de las sumersiones participaron dos buzos. Se había acordado un periodo de tiempo para regresar y ya estos habían sobrepasado el límite. Otros buzos decidieron entrar para verificar si había algún problema y ayudar a la pareja anterior. El nuevo grupo llegó hasta un punto y ahí pudieron divisar entre la turbidez dos luces que se acercaban. Decidieron regresar, con la certeza de que los buzos de la sumersión anterior venían de regreso. Al llegar a la salida pudieron ver que uno de los buzos del grupo anterior traía dos lámparas encendidas... No eran dos buzos... solo uno había salido. Juan, el otro buzo, estaba aún dentro de la cueva, y por el tiempo que había estado bajo el agua, debía quedarle poco o ningún aire en su tanque.

Otros buzos entraron a la cueva rápidamente. Quedaba poco tiempo y los minutos eran irremplazables. Bucearon, buscaron... y no encontraron rastros de Juan. Mientras tanto, afuera, Steve y el resto del grupo comenzaron a movilizar a compañeros espeleólogos y buzos para iniciar una operación de búsqueda y rescate. Se notificó a las autoridades, e incluso buzos experimentados en buceo en cuevas de Estados Unidos ya estaban organizándose para viajar a Puerto Rico. Cuando el primer grupo de búsqueda regresó sin noticias del rastro de Juan, Steve aceptó que ya no sería una operación de rescate, sino la recuperación de un cuerpo. Tomó el control de la situación, y la difícil decisión de explicarle a la esposa de Juan todo lo que había pasado y las escasas probabilidades de poder rescatar a Juan. Ella había estado en el campamento cercano al lugar de la exploración.

No puedo imaginar la horrible y pesada carga emocional que tenía Steve en sus hombros al hablar con la esposa de Juan. Mucho menos puedo imaginar cómo ella soportó esa desgarradora carga que Steve le transfería con sus palabras. Dicen que entró en un estado de histeria y se alejó del grupo corriendo entre gritos de dolor.

Muchos años después, todavía no puedo pretender conocer lo que Steve sintió, lo que vivió en aquella fatal ocasión. Tampoco puedo entender cómo decidió continuar explorando y buceando después de una experiencia tan traumática. Menos aún puedo entender cómo una década después, en Cueva Ángeles, ante una situación similar y con la posibilidad de resultados trágicos, Steve podía mantener aquella calma y presencia, aquella mirada que sosegaba a los demás. No sé si mi madurez de aquel entonces no me permitía leer el lenguaje corporal de Steve, pero al menos, yo no podía percibir algún cambio en su temple. Podía ver concentración y alerta, tal vez un atisbo de preocupación, pero no podía ver algo que complicara mi preocupación, mi estado anímico. Steve tenía suficientes experiencias previas para poder experimentar traumas, para sentirse descontrolado en esa situación. Sin embargo, no era así. Y tengo que dar gracias a Dios, porque si Steve hubiera desesperado, el "dominó emocional" habría sido devastador.

Brenda tenía mucha experiencia como "cuevera", y había acompañado a su esposo en exploraciones previas. Conocía mucho de los equipos, las técnicas y los riesgos de ese tipo de exploración. Pero no es lo mismo cuando es rutinario y divertido, a cuando se combinan la adversidad y lo imprevisto. Ella lloraba; Steve a su lado la rodeaba y protegía con su brazo derecho. Algunos del grupo se acercaban y le hablaban, buscando consolarla, apoyarla o al menos distraerla de la situación. Las palabras y consuelos de los demás no eran tan efectivos como los de Steve. Brenda no cayó en un estado histérico; y aunque sus ojos dejaron de soltar lágrimas, la angustia y la desesperación seguían presentes en su rostro.

En momentos como ese es inevitable sentir miedo. Es en situaciones como esa que siempre me pregunto: ¿por qué estoy aquí? ¿Cómo demonios llegué hasta aquí? Casi todos mis amigos, familiares y compañeros de trabajo han pensado que soy un poco raro por estos pasatiempos de aventuras en cuevas, ríos y montañas. Habrá más de uno que pensará que estoy mal de la cabeza. La primera que pensaba así era mi mamá. Incluso para ahorrarme una cantaleta (reprimenda) y evitarle preocupaciones, dejé de contarle de mis aventuras en la espeleología. Cuando viajaba a otros países para propósitos espeleológicos o de rescate, simplemente le decía que era con fines turísticos.

Y sí, creo que debo ser raro. En un mundo donde la mayoría de las personas busca comodidad, seguridad, certeza, estabilidad y tranquilidad, yo ansiaba otras cosas; aventura, curiosidad, novedad, descubrimiento, belleza, ponerme a prueba. Es más, enfrentar y superar mis miedos era la razón principal por la que me inicié en el mundo de la espeleología.

Mi primera visita a una cueva fue un proceso *fast-track* para aprender a manejar mis temores. El estreno fue en la Cueva Mata de Plátano, famosa por el espectáculo de boas puertorriqueñas, justo en la entrada de la cueva, cazando murciélagos al atardecer. Recuerdo muy bien aquella visita. Esa fue la primera cueva y fue una verdadera iniciación. Admito que antes de eso no era muy fanático de los murciélagos y mucho menos de las culebras. Con el paso de los años aprendí sobre su importancia y rol en el ecosistema, pero nunca he llegado a amarles. Al menos no al punto de querer tocarles y acariciarles. Esos tres elementos: cueva, murciélagos y culebras, me causaban mucho miedo. Y enfrentar ese temor era una de las razones por las que visité esa cueva.

Mata de Plátanos era una cueva relativamente pequeña, pero con una biodiversidad increíble. Tiene una población grande de murciélagos de varias especies. Entrar a aquella cueva por primera vez era una experiencia que yo catalogaría como incómoda. La gran cantidad de murciélagos afecta el ambiente. Primero, eleva la temperatura de la cueva. Además, el nivel de bióxido de carbono era más alto de lo normal. Y, finalmente, el suelo de la cueva era una mezcla de guano y lodo "magnético"; cualquier bota que lo pisara no la quería soltar. Recuerdo que tuvimos que salir de la cueva de manera apresurada porque algunas personas comenzaron a hiperventilar a causa del aire, la temperatura, el lodo y la experiencia de estar rodeado por una muchedumbre de murciélagos. Y aunque yo estaba manejando bien la situación, ya comenzaba a sentir una incómoda ansiedad.

Salimos de la cueva buscando aire fresco, un cielo abierto y un poco de hierba amistosa en nuestros pies para recuperar la tranquilidad. Normalmente se visita esa cueva en la tarde; es pequeña y no toma mucho tiempo explorarla (si eres masoquista). Pero lo más importante, era poder ver el espectáculo de las boas puertorriqueñas alimentándose de murciélagos. Cuando comienza a caer el sol, las boas alrededor de la entrada de la cueva se acomodan en las ramas de los árboles más cercanos. Cuelgan como lianas justo en la ruta de salida de los murciélagos y buscan atrapar con su boca a alguno. Cuando lo logran, lo rodean con su cuerpo para inmovilizarlo, asfixiarlo y luego, lentamente, tragarlo. Realmente no son tan ágiles ni rápidas, pero la gran cantidad de murciélagos que buscan salir simultáneamente por una estrecha salida hacen que la probabilidad de atrapar alguno sea muy favorable.

Para poder apreciar bien el espectáculo, había que sentarse en el suelo a unos pocos pies de la entrada de la cueva, justo en la ruta de escape de los murciélagos. Nos sentábamos y agachábamos buscando disminuir el espacio que ocupábamos para evitar interferir con su vuelo, y orábamos para que ninguno de estos animales tuviera algún defecto auditivo, o que estuviera afónico y no pudiera chillar bien… ya sabes, por lo de su sistema de ecolocalización. O que simplemente no nos cruzáramos con algún quiróptero torpe que no fuera tan ágil y chocara con alguno de nosotros. Yo estaba sentado con mis piernas al frente, abrazando mis rodillas. Tenía una gorra puesta (por eso del cuento de que los murciélagos se enredan en el pelo… y sí, en 1992 tenía bastante pelo todavía). Tenía mi cara cerca de las rodillas, con la visera de la gorra abajo para minimizar el espacio en mi cara ante el posible impacto de algún mamífero alado. Y aunque ninguno chocó conmigo, constantemente escuchaba el sonido de los aletazos cerca de mis orejas. No chocaron, pero estuvieron muy cerca.

Todavía tengo algo de temor a los murciélagos y a las boas. Pero ya tengo la certeza de que, si mantengo una distancia prudente, no tengo por qué preocuparme. Hasta ahora no me he encontrado un murciélago kamikaze que choque conmigo o un culebrón suicida que brinque una distancia para atacarme.

Muchas de nuestras preocupaciones son imaginarias, por situaciones improbables o por mitos y falacias que nos hemos creído. Si nos comprometemos con la búsqueda de la verdad y del conocimiento, automáticamente muchos miedos desaparecerán, se descartarán como leyendas y cuentos de camino que no son reales ni posibles.

Sin embargo, hay miedos que son racionales y normales, causados por el riesgo o peligro que percibimos o reconocemos en una situación, en un entorno, o ante un ser humano o animal. Por ejemplo, es normal sentir temor cuando estás al borde de un precipicio de más de 30 metros de profundidad, con un arnés y equipo de descenso, para "rapelear" por una cuerda. Es una situación donde siempre hay riesgo y peligro, aunque se haya manejado y minimizado. Siempre que estoy en una situación así, siento miedo. Es más, le doy la bienvenida, le permito que me acompañe, que me hable, pero no le permito que tome el control de mis decisiones ni de mis acciones.

No me preocupa tanto la presencia de miedo, sino la ausencia de este en situaciones de riesgo. Me viene a la mente un lugar donde frecuentemente ayudaba a personas a descender unos 80 pies (25 metros) de caída libre para llegar a un hermoso lugar a la orilla de un río. Era una experiencia espectacular y emocionante, pero con un peligro inherente, y aunque tomaba las medidas de seguridad requeridas y redundancia para minimizar el riesgo, para una persona sin experiencia podía ser difícil de manejar, incluso paralizante. Siempre conversaba con la persona que iba a descender y buscaba transmitirle seguridad y confianza. Una de las primeras cosas que hacía era preguntar si anteriormente había realizado un descenso por cuerdas y cómo se sentía. La mayoría de las personas me expresaban su temor y yo buscaba calmarles explicando detalladamente el equipo que estaba usando, la resistencia de las cuerdas y anclajes, y cada paso que debía realizar para lograr el descenso y disfrutar la experiencia. Pero en varias ocasiones me encontré con personas que decían que no sentían temor. Esas eran las personas que realmente me preocupaban; es más, me aterraban.

Siempre que una persona no siente miedo ante una situación de claro peligro, pienso que se debe a una de dos posibles razones:
1. Por ignorancia: No tiene el conocimiento, ni la experiencia para reconocer o percibir el peligro que enfrenta.
2. Por un problema mental: Tiene algún problema mental o cognitivo que no le permite distinguir el riesgo o la amenaza que enfrenta

Prefiero no tener cerca a este tipo de personas. Si no puedo evitar estar cerca de una persona así, es seguro que estaré hipervigilante y alerta, porque su comportamiento y acciones representan un riesgo para mí y para el resto del grupo.

En muchas ocasiones me he cruzado con personas que tienen un comportamiento temerario y realizan actos peligrosos. Pero después de adiestrarles y compartirles conocimiento, su conducta cambia. Obviamente, la ignorancia era la causa de su falta de temor. En mi propio caso, después de años de capacitación y aprendizaje, he adquirido nuevos miedos. Por ejemplo, después del primer adiestramiento que tomé de rescate en aguas rápidas cambié mi conducta y dejé de hacer muchas cosas insensatas y peligrosas que acostumbraba a hacer. Aprendí que no debes amarrarte a una cuerda al entrar a un río o una corriente de agua en una inundación; y que lanzarte a un río crecido para rescatar a alguien debe ser la última opción. Pero esto te lo explicaré en un próximo libro.

He aprendido a tener miedo en muchas situaciones y, aun así, tomar decisiones y actuar. El miedo me acompaña y reconozco su presencia. Lo uso como recordatorio de que debo aplicar redundancia y prevención para minimizar el peligro y manejar los riesgos. Si amarré un nudo en un anclaje, pido que algún compañero lo revise. Si instalé un equipo, pido que alguien le eche un ojo y verifique que todo está bien. Llevo un equipo extra mínimo que me ayude a resolver alguna complicación que me pueda surgir en el proceso. Busco aprender lo más que pueda sobre el entorno en el que estaré, sobre el equipo que usaré, y las técnicas y procedimientos que realizaré.

Sé que el miedo no se va; es más, quiero que se quede y que siempre me recuerde que algo puede salir mal. Evitaré que algo malo pase. Si algo malo pasara, estaré listo para enfrentarlo y superarlo. En algún lugar leí un pensamiento del escritor irlandés James Stephens que dice:

«La curiosidad vencerá al miedo incluso más que la valentía».

La curiosidad que me llevó a iniciarme en la espeleología es la que me ha llevado a superar temores, a entrar a lugares donde puede haber muchos murciélagos o culebrones, porque la hermosura, las maravillas, las satisfacciones y los anhelos están esperando al otro lado del miedo. Creo entender por qué Steve estaba en aquel momento en una situación conocida y a la vez angustiosa. Le hablaba a Brenda, buscando calmarla, aún con el recuerdo claro de una tragedia ya vivida. Entiendo por qué siguió explorando cuevas por tantos años, por qué siguió enseñando y ayudando a otros. Porque la curiosidad siempre vencerá al miedo.

Ya había pasado cerca de media hora de preocupación y espera en la pendiente fangosa. Finalmente se vio una luz al final del túnel. Los buzos regresaban.

Cristóbal Colón

VII.
LA URGENCIA AL ACTUAR Y LA CALMA AL ESPERAR

«El éxito requiere urgencia y paciencia. Sea urgente para hacer el esfuerzo y paciente para ver los resultados».

—RALPH MARSTON

Luz al final del túnel

Sé que suena a cliché, pero en ese momento era real. Los buzos habían regresado y llegado al hueco al extremo del túnel. Se veía la luz y luego escuchamos ruidos. No sabíamos en qué condición se encontraban, pero definitivamente ya estaban de regreso. Julio corrió y entró por la grieta para ayudar a los buzos. Parte del grupo se colocó para poder ayudarlos a salir de la grieta, y hacer una cadena para sacar el equipo y subirlo por la pendiente. No había mucho espacio allí para el grupo, los buzos y el equipo. Había que actuar rápido y formar la cadena humana para subir todo el equipo hasta el tope de la pendiente. Julio salió y con la sonrisa en su cara no tenía que decir mucho. Los buzos estaban bien. Juraría que escuché una exhalación sincrónica colectiva. Cerca de mí pude ver a Brenda, ambas manos en su boca, buscando tapar algún grito que, desesperado por salir, se coló en dos lágrimas.

En unos segundos se asomó el primer buzo con una sonrisa. Justo después, aparece el esposo de Brenda, con una sonrisa que automáticamente borró la angustia de su cara, y paró sus lágrimas. Ella corrió y lo abrazó con una mezcla de amor y alivio, buscando borrar de su mente las imágenes de la tragedia que pudo pasar. Sus peores temores, sus pensamientos más oscuros se desvanecieron y ahora solo reflejaba alegría y agradecimiento.

Al salir cada buzo, se quitaba su equipo con la ayuda de Julio y la cadena humana se encargaba de moverlo al salón superior. Salió finalmente el tercer buzo y casi inmediatamente ya habíamos subido todo el equipo al salón seco. Ayudamos a los buzos a subir; sus trajes mojados hacían que el lodo se hiciera más resbaladizo. Una vez el grupo llegó arriba, los buzos compartieron su versión de la trama; lo ocurrido en el otro lado del túnel. Habían llegado a otro espacio abierto, pero por suerte ahí comenzaron a darse cuenta de la crecida y pudieron regresar inmediatamente. A pesar del inconveniente de la crecida, la exploración había rendido algunos frutos positivos. En otro momento, cuando aquel susto fuera un recuerdo lejano, había que regresar a seguir explorando y descubriendo. En ese momento correspondía reorganizarnos, calmarnos y discutir el plan de acción para regresar.

Reorganización y regreso

Una de las destrezas más importantes que se deben adquirir al explorar una cueva es aprender a "leerla", en especial si es una cueva con agua o río en su interior. Un buen espeleólogo puede ver si un salón o pasillo de una cueva es "seco" por sus paredes y formaciones. También puede saber hasta dónde frecuentemente puede subir un río por las señales en la pared y el desgaste de formaciones. Puede saber si el flujo de agua por ese lugar es laminar o turbulento. O si estás en un lugar de la cueva y miras al techo y ves basura o madera, sabes que no es el mejor lugar para enfrentar una crecida. Quise aprender y dominar esta destreza, incluso transponerla al mundo fuera de las cuevas. A observar con atención para detectar las señales, anticipar los riesgos y evitar los peligros.

El salón era un lugar muy seguro; era amplio, sin muchas rocas, y no había señales en las paredes o en el techo que indicaran que el agua llegara hasta ese lugar. Así que estábamos bien en ese lugar. Steve tomó el control de la planificación. Estábamos seguros en ese lugar; pero podríamos comenzar el regreso porque una buena parte de la ruta era segura.

Pasillos y salones secos... el agua del lago Norman no provenía directamente del río y era agua quieta. Podríamos cruzarlo sin ningún problema. Decidimos emprender el camino de regreso y llegar hasta el lugar donde por primera vez cruzamos el río. Llegaríamos a ese punto y escogeríamos un espacio seco y cómodo para esperar. El río bajaría, tal vez en cuestión de horas. Lo importante era mantenernos secos, seguros, y en buen estado de ánimo para esperar algunas horas a que el río bajara.

Así lo decidimos. Ya casi eran las cinco de la tarde cuando emprendimos el camino de regreso. De vuelta todo ocurría según lo planificado: los pasillos y salones secos y seguros, el lago Norman manejable y seguro. Continuamos el camino y pronto comenzamos a escuchar el estruendo lejano del río crecido. Poco a poco el sonido se hacía más cercano, más impresionante. Llegamos a las cercanías del cruce del río. Podíamos ver la espuma rabiosa de la corriente turbulenta. El lugar por donde cruzamos de ida era irreconocible porque estaba escondido bajo la furia del río crecido.

Encontramos un área donde acomodarnos todos. No era tan cómoda como el salón que habíamos dejado atrás, pero era suficiente para nosotros. Ya eran las seis de la tarde. El plan era esperar a que el río bajara hasta un nivel seguro. Comenzamos a escudriñar el río y buscar alguna roca, algún detalle en la pared que pudiéramos usar como referencia, para comparar y ver cuánto había bajado el nivel. No había más que hacer... solo descansar y esperar.

La tercera espera

Creo que era difícil ponerse a descansar y relajarse. Ya habíamos tenido nuestra dosis de adrenalina, nuestras raciones de miedo y preocupación, más todo el cansancio físico de la exploración. Al principio algunos intentamos conversar, pero poco a poco íbamos sucumbiendo al cansancio y al sueño. Yo había escogido mi punto de referencia: una roca al otro lado del río. Buscaba descansar, me dormía por algunos minutos, pero cada vez que despertaba lo primero que hacía era mirar aquella roca al otro lado del río. Miraba, no veía alguna señal positiva, y regresaba a intentar dormir. Volvía, despertaba, miraba, nada, y regresaba a dormir.

Unos cuatro años después tomé mi primer curso de rescate en ríos. Mi amiga Susan J. Thrasher viajó a Puerto Rico a enseñar el que, a mi entender, fue el primer curso de *swiftwater rescue* (rescate en aguas rápidas) de la Asociación Nacional de Búsqueda y Rescate de Estados Unidos (*National Association of Search and Rescue* - NASAR) o de cualquier otra organización. Este curso fue muy importante e impactante para mí. Los conceptos aprendidos los aplicaría a varias áreas de mi vida. Por ejemplo, las prioridades de un rescatista: primero él o ella, segundo sus compañeros de equipo, y tercero la persona que se quiere rescatar. Si no me cuido, si no me doy prioridad, no podré ayudar a quien necesite ayuda. Por eso, en cada vuelo de avión en la requerida charla de seguridad te recuerdan que primero debes colocarte la mascarilla de oxígeno y luego ayudas a otros a colocársela.

También aprendí la secuencia de rescate: existen varias alternativas que debo considerar y realizar antes de lanzarme al río a rescatar a alguien. Lanzarme a intentar ayudar a alguien, colocándome en los mismos riesgos y peligros de esa persona, debe ser la última alternativa. Por otro lado, la planificación y la práctica son esenciales. Se debe visitar y examinar los ríos y lugares de posibles crecidas en circunstancias normales para entender y anticipar riesgos cuando ocurre una inundación o crecida. La planificación y la práctica cada vez son más importantes en varias áreas de mi vida.

Susan no fue la primera ni la única mujer que influenció y dirigió mi camino de aprendizaje y crecimiento en el mundo de la espeleología y el rescate. En 1994 tomé mi primer adiestramiento de rescate en cuevas de la Comisión Nacional de Rescate en Cuevas (*National Cave Rescue Commission* - NCRC). Esta es una rama de la *National Speleological Society* (NSS), la Sociedad Espeleológica Nacional de los Estados Unidos. Ese curso fue realizado en Aguadilla, Puerto Rico, y organizado por una extraordinaria mujer que ocupaba entonces la posición de Coordinadora de la Región del Caribe de la NCRC: Mimi Ortíz.

Mimi fue periodista en uno de los principales periódicos del país y tuvo una trayectoria increíble, especialmente en el área de periodismo deportivo. Siempre disfruto escuchar sus historias sobre reportajes y artículos con atletas reconocidos, específicamente con jugadores de la NBA como Magic Johnson y Michael Jordan. Anhelo el momento en que pueda tener en mis manos un libro escrito por Mimi sobre sus aventuras en el periodismo y fuera de este. Además, el trabajo de Mimi marcó un hito en la espeleología puertorriqueña. Lo más obvio es el proceso de educación y crecimiento iniciado al traer esos cursos y certificaciones a Puerto Rico. Además, estos adiestramientos sirvieron de convocatoria para que exploradores y rescatistas de Puerto Rico, Estados Unidos, Venezuela, Costa Rica y otros países se encontraran y conocieran, creando lazos y oportunidades de colaboraciones y expansión educativa. Y, finalmente, creó el espacio para que organizaciones e individuos locales con interés en la espeleología tuvieran la oportunidad de conocerse mejor, compartir y colaborar de una manera nunca vista antes. En ese primer curso conocí a personas que impactaron mi vida: Mimi, Susan, Steve Hudson y otros.

En 1997 Mimi trajo a Susan a Puerto Rico para ese primer

curso de rescate en ríos. Y con este abrí mis ojos a muchos peligros que antes no percibía al entrar a un cuerpo de agua en movimiento. Uno de los primeros conceptos aprendidos: *the awesome power of moving water*, el impresionante poder del agua en movimiento. En los días del curso pude ver con asombro y a veces terror videos de piernas facturadas, cuasiahogamientos, brazos atrapados en cuerdas, vehículos volteados y arrastrados, todo por *"the awesome power of moving wáter"*. De este modo pude aprender que:

- ✓ Nunca debo amarrarme a una cuerda al entrar a un río.
- ✓ Debo evitar caminar y poner los pies en el fondo cuando la corriente es muy fuerte.
- ✓ Lanzarme al río a tratar de rescatar a alguien debe ser la última opción.

También aprendí a reconocer los fenómenos que ocurren en el agua de un río y las características que debo observar. Esto es muy importante porque algunas de estas significan para mí seguridad, mientras otras indican peligro extremo. Por ejemplo:

- ➤ Un *eddy* o remanso es un fenómeno que ocurre después de una curva o detrás de algunos objetos grandes en el río y es un lugar "seguro" donde me puedo resguardar de la corriente.
- ➤ Una hidráulica (máquina de ahogamiento) es un fenómeno que ocurre al pie de una cascada, caída de agua, o cuando el agua pasa sobre un objeto bastante ancho como un dique o represa baja, y es extremadamente peligroso.

Si en algún momento me encuentro en el agua, arrastrado por una corriente, conocer los fenómenos y poder leer el río es una destreza necesaria para sobrevivir. Ante algunas circunstancias debo flotar, dejarme llevar por el río. Y en otros momentos, debo nadar vigorosamente para ponerme a salvo. El conocimiento, la experiencia y la práctica hacen la diferencia entre la vida y la muerte. Porque es importante saber cuándo actuar o cuándo esperar, cuándo priorizar la urgencia o cuándo enfocarme en la calma.

En mi vida dedico atención e intención a observar mi entorno y las circunstancias que me rodean para decidir si debo actuar con urgencia y determinación, o si debo esperar con calma y enfoque. Porque, como en el río, si buscas nadar contra la corriente cuando las condiciones no son propicias, te vas a agotar y fracasarás. O si te dedicas a solo flotar, a solo esperar, y no prestas atención a cuando lleguen las condiciones que requieran acción urgente, pues fracasarás porque no podrás aprovechar la corta vida de una oportunidad que aparece frente a ti. Y la herramienta principal que te ayuda a escoger correctamente entre la urgencia y la calma, entre la acción y la espera, es el conocimiento.

Si no tienes el ***conocimiento,*** dependerás de tu buena suerte o de lo que entiendes son tus "instintos" para tomar decisiones. Y debo aclarar que el conocimiento no es tan solo lo que estudias o la información que aprendes. Es también lo que haces con esa información, con esos datos. La experiencia que adquieres cuando pones a prueba lo que has aprendido. Las veces que practicas con intención deliberada para comprobar cómo lo aprendido se transforma en pasos que te llevan a lograr resultados deseados. Puedes leer libros de muchas cosas como rescate en río, oratoria o empresarismo. Pero si no experimentas el "poder impresionante del agua en movimiento", o si no te colocas frente a una audiencia a hablar, o si no das los primeros pasos para abrir tu negocio o compañía, solo tienes información; no has aprendido verdaderamente.

El adquirir conocimiento no puede ser un ciclo de una sola vuelta y ya. Debe ser un bucle, un ciclo que se repite indefinidamente. Recibes una información, la procesas mentalmente, practicas y la pones a prueba, analizas los resultados, modificas tu conducta y/o tus paradigmas y buscas recibir nueva información y repites el proceso. El aprendizaje no se detiene. Así creas la base que te permite añadir la ***acción*** y la ***actitud*** para crear tu triángulo equilátero. Y si ya tengo el conocimiento, ¿cómo puedo saber cuándo actuar o cuándo esperar?

Ese día en Cueva Ángeles ya habíamos escogido en más de una ocasión entre actuar urgentemente y esperar con calma.

Después que los buzos entraron a la grieta para su exploración subacuática, esperamos manteniendo una actitud relajada y optimista. Al percatarnos de que el río crecía, nos movimos a la acción urgente, y tomamos las medidas para asegurarnos que los buzos pudieran encontrar la ruta de salida. Luego, esperamos con la mejor actitud posible, tratando de mantener la calma, a que hubiera una señal de los buzos. Finalmente, estábamos ya de salida, esperando en un lugar seguro a que bajaran las aguas crecidas y turbulentas. Para decidir entre la acción urgente y la espera calmada, es necesario:
- ✓ Estar en un estado de constante aprendizaje para tener la información más relevante, pertinente y reciente.
- ✓ Asegurarte de que tienes cerca personas con más conocimiento y experiencia para consultar y pedir consejo.
- ✓ Mantener tu atención y enfoque constante en los factores cambiantes que determinan tu probabilidad de éxito, de los resultados deseados.

En aquel momento de espera, contábamos con la experiencia de Steve, de Julio y de los buzos para decidir cuándo continuar el camino. Y todos teníamos la tarea de, periódicamente, observar el nivel del agua para determinar cambios en el río. Así pasamos varias horas: despertar, mirar, nada ha cambiado, y regresar a dormir. Ya casi a las diez de la noche, comenzamos a ver señales del descenso del nivel del río. Unos pocos minutos pasaron y decidimos que podríamos intentar cruzar el río ayudados por una cuerda. Los minutos que nos tomó recoger nuestras cosas y bajar una pendiente hasta la orilla del río fueron suficientes para que el río bajara un poco más y nos hiciera sentir un poco más seguros. Cruzar ese tramo de río era el último impedimento para regresar a la civilización, a nuestra seguridad, a completar una buena historia para contar por años.

Uno de los más experimentados y fuertes exploradores cruzó primero el río. Se llevó un extremo de una de las cuerdas y la ancló a alguna roca segura al otro lado. Colocamos la cuerda a lo ancho el río para ayudarnos a cruzar. La corriente no era muy fuerte y el nivel estaba más bajo. La cuerda serviría solo para apoyarnos, para sentir algo de seguridad. Años más tarde aprendí en cursos de rescate en ríos que uno no debe amarrarse a una cuerda al intentar cruzar agua en movimiento. Esto puede ser un error fatal. Y fue fatal para un amigo años más tarde. Pero esto será parte de otra historia, de otro libro por escribir.

Poco a poco todos cruzamos y transportamos el equipo al otro lado. Un verdadero alivio haber completado esta parte. Comenzamos a subir la pendiente después del río, una llena de rocas y dificultades. Al llegar al tope, pudimos ver a lo lejos luces que se acercaban y voces que llamaban. Era un grupo que venía a rescatarnos.

VIII.

LA IMPORTANCIA DE CREAR Y CUIDAR RELACIONES DURADERAS

> *«El ingrediente más importante que ponemos en cualquier relación no es lo que decimos o lo que hacemos, sino lo que somos».*
>
> —STEPHEN COVEY

Carlsbad, Nuevo México, 2003

Era el verano de 2003 y muchas cosas habían pasado. En 1996 me convertí en Instructor de Rescate en Cuevas de la NCRC. En este camino de capacitación y educación visité Cuba, Costa Rica y Estados Unidos. He tenido la bendición de conocer gente extraordinaria y formar grandes amistades en ese trayecto.

Ese año me tocaba enseñar en el seminario nacional de la NCRC en Carlsbad, Nuevo México. Para mantener mi certificación como instructor tenía que participar en uno de estos seminarios como instructor, y tomar la capacitación para instructores que servía como antesala a ese seminario anual. Este curso constaba de una semana intensa de adiestramientos tanto en salón de clases como en el campo para ejercicios prácticos. Un día típico durante el adiestramiento comenzaba con el desayuno a las siete de la mañana y continuaba con clases teóricas durante toda la mañana. En ocasiones, el almuerzo era recoger un paquete con los alimentos para llevarlos al campo y comerlos en el lugar escogido para los ejercicios prácticos de la tarde. Luego, la cena, y en la noche la revisión de destrezas, un examen práctico para revisar si dominabas las destrezas aprendidas. Desde temprano en la mañana hasta casi las diez de la noche... ese era un día típico en esos adiestramientos. Para llegar a ser instructor tuve que tomar tres de estos adiestramientos de una semana, desde el nivel 1 hasta el nivel 3. Y como último, un adiestramiento final, también de una semana, para certificarme como instructor. Me tomó cerca de tres años y medio completarlo. Mucho sudor, mucho trabajo para al final realizar trabajo voluntario: ser instructor de la NCRC.

Nunca me consideré el mejor instructor; pensaba que era lo suficientemente bueno para ser útil. Pero lo más importante era saber que era parte de un equipo de instructores con una sinergia de fortalezas y talentos. Siempre estuve rodeado de grandes instructores, mejores que yo, y enseñar al lado de ellos era mucho más fácil. Enseñar con el apoyo de alguien más conocedor, más experto es una bendición. Te brinda seguridad y confianza. Te ayuda a no cometer errores. Y lo más importante, enseñar se convierte en un gran aprendizaje.

Aunque tenga todo el conocimiento y cumpla los requerimientos para ser instructor, siempre prefiero tener a mi lado a instructores con mayor conocimiento, y con más experiencia. En algún momento alguien me dijo: "Si estás en un grupo y eres el más conocedor, estás en el grupo equivocado". Prefiero estar en grupos donde puedo seguir aprendiendo de alguno de los compañeros. Además, en varias ocasiones estaba con algún compañero instructor que explicaba mejor, que tenía los mejores ejemplos y métodos para que los estudiantes aprendieran mejor y más fácil. Esto me obligaba a mejorar, a ser creativo, claro y preciso al enseñar.

Entre ellos estaba Steve Hudson, quien era una eminencia en el mundo de la espeleología y del rescate. Fue el fundador de *Pigeon Mountain Industries* (PMI), una compañía que ayudó a transformar la exploración espeleológica y el rescate con la fabricación de cuerdas especializadas y otros equipos. Además, era el autor de varios libros usados en los adiestramientos que había tomado. Tenerlo cerca para poder consultarle y preguntarle mientras enseñaba era una gran bendición. Steve H. era el ejemplo más claro de que tener a alguien a tu lado más conocedor te impulsa, te obliga a crecer y mejorar como educador. Lamentablemente, Steve H. falleció en diciembre de 2013 mientras vacacionaba en Puerto Rico. ¡Gracias, Steve H.!

También tuve la oportunidad de enseñar junto a alguien que siempre lo explicaba mejor: Carlitos Ruiz. Mi preparación universitaria es en ingeniería. Por eso siempre he pensado que entiendo muy bien conceptos como fuerza, ventaja mecánica, ángulos y radio de curvatura. Pero una cosa es entenderlo, verlo claramente en tu cabeza, y otra poder explicarlo de manera sencilla y clara. Carlitos tenía esa habilidad que yo siempre admiraba y buscaba emular. Tengo que reconocer que Carlitos tenía mucha más "calle", más experiencia. Llevaba años trabajando con los Niños Escuchas (*Boy Scouts of America*) y se notaba.

Siempre era una gran experiencia enseñar sabiendo que tenía a Carlitos a mi lado: porque tenía el conocimiento, sabía transmitirlo de manera precisa, y tenía un corazón increíble. Carlitos era la personificación de los valores incluidos en la Ley del Scout: servicial, amigable, bondadoso, y todas las demás. Ayudó a muchos niños a través de su labor voluntaria. Sé que hay muchos padres agradecidos por el rol que Carlitos desempeñó en la vida de sus hijos; mi esposa Grisselle y yo somos parte de ellos. Tristemente, Carlitos falleció en el verano de 2017. ¡Gracias, Carlitos!

Además de mi crecimiento y trabajo como instructor de rescate, me había involucrado en la dirección de SEPRI. Ocupé posiciones en la directiva de esta organización. Estuve a cargo del Comité de Inmersión, el grupo que se encarga de educar y adiestrar a las personas que entraban a SEPRI y deseaban aprender los fundamentos de la espeleología y la exploración. Incluso en 1996 fui candidato a la presidencia de esta organización.

No es mi interés explicar la historia de lo que ocurrió, pero en ese año, 1996, hubo conflictos y desacuerdos en la espeleología en Puerto Rico. Hubo discusiones acaloradas sobre algunos temas y hubo choques de personalidades y opiniones encontradas. Finalmente, amigos y colegas terminaron siendo enemigos, o al menos distanciados. Varias personas renunciamos a SEPRI. Algunos se alejaron de la espeleología frustrados y dolidos. Otros decidimos crear un nuevo grupo espeleológico para acoger a aquellos que no quedaron contentos. En las primeras reuniones nos hacíamos llamar los "Cueveros Realengos". Como resultado de todo esto, me alejé de personas que consideraba amigos y admiraba. Por varios años estuve distanciado de grupos espeleológicos; o al menos no estaba afiliado formalmente a ninguno.

Sin embargo, seguí involucrado en la espeleología. Quería mantener mis credenciales como instructor de rescate en cuevas. Por lo tanto, debía participar en algún adiestramiento de la NCRC para mantenerme al día con sus requerimientos. Hablé con mi amiga y colega instructora Susan J. Thrasher. Ella estaba en una situación similar y decidimos participar en el seminario en Carlsbad del verano de 2003. Susan vive en Bentonville, Arkansas. Yo viajaría por avión desde Puerto Rico hasta Arkansas y desde allí partiríamos en su vehículo en un *road trip* hasta llegar a Nuevo Méjico.

Bentonville, por si te suena conocido, es la ciudad en la que se ubican las oficinas corporativas de Walmart. Anteriormente ya había visitado a Susan y me había llevado a los lugares de visita obligada cuando vas a Bentonville, incluyendo el museo en la primera tienda de Sam Walton. La amistad con Susan se ha convertido en la más duradera de mi vida, habiendo sobrevivido la distancia y algunos choques de personalidad cuando estamos cerca. Además, ella se ha convertido en mentora y modelo a seguir en varias áreas. Ha sido instructora de rescate en cuevas. Además, era miembro activa e instructora de NASAR para el antiguo programa de Rescate en Ríos, y de varios programas de Búsqueda y Rescate. Además, ha sido una pieza clave en la expansión de estos programas educativos a América Latina. Y como si no fuera suficiente, es una muy experimentada buceadora con varias certificaciones y una gran cantidad de buceadas por todo el planeta.

Llegó la fecha y tomé un avión a Arkansas. Viajar con propósitos espeleológicos es un poco complicado. Decidir qué equipo llevas, empacarlo en maletas, mantener el peso requerido para evitar pagar una fortuna... todo eso es un reto. Por suerte, Susan me prestaría algún equipo para alivianar mi viaje. Llegué a Arkansas y a la mañana siguiente emprendimos el camino hacia Carlsbad. Sería un viaje de más de 12 horas en la carretera, atravesando los estados de Oklahoma y Texas para finalmente llegar a Nuevo México. En aquella época usar un GPS no era tan común, y mucho menos en tu teléfono. Susan tenía varios atlas y libros de mapas en su vehículo. Yo trabajaría como copiloto/navegante manejando los mapas. Gran parte del trayecto sería a través de autopistas interestatales; el reto sería al salir de estas para buscar llegar al pueblo de Carlsbad.

Finalmente llegamos al lugar donde se brindaría el seminario. Carlsbad es una zona semiárida, yo diría que desértica, sin montañas altas en su entorno. Acamparíamos en los terrenos del lugar con casetas y equipo que llevamos. Algunos participantes e instructores llegaron al lugar en sus casas rodantes o caravanas. En mi caso, acampar siempre era una experiencia que disfrutaba: primero por el contacto con la naturaleza, y segundo, por salirme de mi zona de comodidad y ponerme a prueba.

No imaginaba que me encontraría con otros dos puertorriqueños. Bueno, es normal que algún boricua participe en estos seminarios. Pero había estado alejado de este ambiente de la NCRC por algunos años. Y menos aún esperaba encontrarme con este dúo de boricuas. El primero era Wilfredo López: paramédico, empresario, buzo e instructor que llevaba algunos años en el mundo de la espeleología. No había tenido la oportunidad de conocerle hasta ese momento. Wilfredo era un apasionado de la aventura y de su profesión. Es común encontrar en la espeleología personas que llegan a esta como pasatiempo, como afición (ese era mi caso originalmente). Y esto se nota en su actitud, en su compromiso con la espeleología. Pero de vez en cuando te encuentras con alguien con un enfoque profesional, ya sea científico o del mundo de seguridad y rescate. Wilfredo venía de este mundo; y el compromiso y enfoque que traía era algo notable y muy apreciado.

El segundo boricua: Steve Segal, mi anterior mentor. Wilfredo era relativamente nuevo en la espeleología y no había sido parte de la crisis del 96. Pero Steve estuvo en aquella situación. Y aunque no hubo problemas ni confrontaciones con él, Steve era parte del "otro bando", fiel a SEPRI. Y yo era parte de aquellos "cueveros realengos"; al tirar la raya había quedado en el bando contrario. Me sentía con dudas e incertidumbre. Hacía varios años que no veía a Steve y no sabía qué esperar en este encuentro. No conocía las historias ni los rumores que pudieron seguir esparciéndose después del 96, ni el efecto que estos pudieron haber tenido en Steve y otros amigos que habían quedado en el otro lado.

Sin embargo, mis dudas y temores eran infundados. Steve me recibió con la misma calidez de siempre. La crisis del 96 había creado dos bandos; otros sucesos y circunstancias me habían llevado a quedar en un limbo, en una zona desconocida entre ambos. Pero para Steve parecía que esto no era importante. Estábamos allí otra vez conversando, sonriendo y pasándola bien. Aunque inicialmente había cautela en mis palabras para no pisar arenas movedizas del pasado, eventualmente fui encontrando terreno firme y soltando la preocupación. Comencé a disfrutar, a apreciar la oportunidad de conversar y reconectar con Steve.

Participé con Steve en varios ejercicios en el campo durante la semana de adiestramiento. Él también era instructor y estaba en Carlsbad para cumplir con los requerimientos. Muchas de las cuevas que utilizamos para los ejercicios y simulacros eran cuevas pequeñas mayormente secas, excepto en temporada de lluvia. El cercano Parque Nacional de las Cavernas de Carlsbad tiene unas cuevas impresionantes incluyendo la mundialmente famosa Cueva Lechuguilla. Estas cuevas están cerradas al público. El público general solo puede acceder a la caverna principal, *the Big Room*. Es tan grande esta caverna que puedes entrar tomando un ascensor que desciende cerca de 750 pies (229 metros). Pero las cuevas disponibles para el seminario eran cuevas relativamente pequeñas en la periferia, además de riscos en montañas pequeñas para los ejercicios con cuerdas.

Previo a uno de los ejercicios, los instructores visitamos una de las cuevas para su planificación. Salimos del campamento varios instructores en pocos vehículos. Llegamos a un área remota y solitaria... Todo me parecía "remoto y solitario" en aquel "desierto" que en nada se parecía a mi terruño tropical. Estacionamos los vehículos al lado del camino y tomamos nuestros equipos para salir en busca de la cueva escogida.

Caminamos por un área árida, relativamente plana, buscando un hueco en el suelo. La cueva estaba cerrada con una especie de reja que restringía el acceso. Finalmente encontramos la entrada. Mientras alguien abría la reja, el líder del grupo de instructores explicó lo que haríamos al entrar. Incluso me señaló como el primer instructor que entraría a la cueva. Rápido busqué con la mirada a Steve, implorando que me acompañara al entrar a la cueva. Me acerqué y le pregunté; él accedió como era habitual y eso me dio tranquilidad. Estaba en otro país, en otro ecosistema, con una fauna desconocida, y no sabía qué alimaña me encontraría en esa cueva. Como ya te he mencionado, el miedo nunca se va por completo; siempre se queda merodeando, esperando la oportunidad para dar un paso al frente, para hacer acto de presencia. Y ese momento, ya estaba allí presente. No sabía si encontraría alguna serpiente o algún otro animal que todavía me causa terror. Pero si Steve me acompañaba sabía que podía hacerlo y manejar el miedo.

Abrieron finalmente la entrada; llegó el momento. Para sentirme más seguro, le pedí a Steve que entrara primero. Él accedió. La entrada a la cueva era un hueco en el suelo, tal vez de

2 pies (61 cm) de diámetro. Tenía unos 5 pies (1.5 m) de profundidad. Bajabas y te encontrabas de frente un túnel perpendicular al hueco. Steve entró al hueco, pero no había espacio suficiente para moverse y acomodarse para seguir por el túnel.

"*Sorry*! Yo no quepo por ahí", dijo Steve.

"¡Qué chavienda! Ahora tengo que entrar sólo", pensé, mientras intentaba que no se me viera en la cara el miedo que sentía.

Steve era más o menos de mi estatura. Pero tenía algunas libras, y algunos años más. Se justificaba que él decidiera no entrar, era aceptable. Pero yo no tenía excusa, tenía que entrar. Respiré profundamente para calmarme y disimular el temor. Entré al hueco, me deslicé y puse mis pies en el fondo. Me agaché para poder ver bien el túnel frente a mí. Tenía un diámetro de unas 30 pulgadas (76 cm). Siempre que recuerdo esta imagen, el miedo que sentí se vuelve a asomar en mi mente: al alumbrar el túnel con mi linterna pude ver que el techo estaba lleno de un tipo de arañas enormes, oscuras, con patas muy largas. Tal vez una docena en un espacio relativamente pequeño. Sus cuerpos no eran tan grandes pero las patas largas, desarrolladas como adaptación a vivir en la oscuridad de una cueva, realmente me intimidaban. Cerré los ojos por unos segundos, respiré varias veces para calmarme. Abrí los ojos, con la esperanza de que hubiesen desaparecido... al abrirlos las arañas seguían allí. Me incorporé y me puse de pie. Mire afuera al líder del grupo.

"*This tunnel is full of spiders! Are these ones poisonous? Are they dangerous?*", dije avisando sobre las arañas y preguntando si eran venenosas.

"*Let me go in and check it out!*", dijo otro compañero instructor que conocía mejor la zona.

"*No problem!*", le dije aliviado, saliendo del hueco de un impulso...

El otro instructor brincó al hueco y miró al túnel. La cantidad de arañas se había reducido a 3 o 4; posiblemente se asustaron y huyeron con nuestro movimiento. Nos avisó que quedaban algunas pocas arañas y que no eran peligrosas. Se movió hacia el túnel y giró su cuerpo para entrar arrastrándose. Parte de nuestra exploración requería llevar unos pedazos de madera, para usar como pequeñas vigas en un ejercicio de *cracks and crevices* (grietas y hendiduras). Yo le seguí con los pedazos de madera y cuando llegué a la entrada del túnel solo quedaban 2 arañas y a buena distancia de la ruta que yo seguiría. Gracias a Dios no me volví a cruzar con arañas en esa cueva.

Después de estudiar la cueva y planificar cómo los estudiantes realizarían el ejercicio, salimos casi 45 minutos después. Afuera me esperaba Steve. Salir de una cueva y encontrarle cerca de la entrada siempre era una sensación de seguridad y confianza. Sabía que alguien afuera vigilaba por mi bienestar y seguridad.

Durante el resto de la semana continuaron las conversaciones con Steve y Wilfredo. Hablamos sobre la necesidad de volver a realizar estos seminarios de rescate en Puerto Rico. Después de 1996 no se había realizado ninguno. Y ya era tiempo de volver. Me invitó a visitar nuevamente las reuniones y actividades de SEPRI. Hablamos de planes y metas para los próximos años. Nuevamente me sentía incluido. Me sentía cercano a Steve y volvía a disfrutar, a apreciar las cualidades que años antes habían despertado una gran admiración, respeto y cariño por él. En esos días se construyó la base para reconstruir una amistad, para formar la segunda mitad de mi vida en la espeleología. Y lo más importante, sentí el deseo de regresar, retomar amistades, sanar heridas y reparar relaciones.

La espeleología permite conectar y conocer a otras personas a un nivel diferente. Cuando penetras a decenas de metros de profundidad en las entrañas de la tierra, cuando enfrentas miedos y fobias, cuando te encuentras lleno de fango de pies a cabeza, sudado, cansado y mal oliente, se llega a un tipo de intimidad que no se consigue en otros deportes o actividades. La primera prioridad en una exploración es ser autosuficiente: prepararte, cargar lo necesario, aprender y desarrollar las destrezas para explorar y sobrevivir. La segunda prioridad son tus compañeros de equipo: confiar en ellos y ser confiable para ellos. Saber que podrán responder y ayudarte en caso de un problema. Y que tú podrás hacer por ellos lo mismo que tú esperas que hagan por ti, tal vez más.

Creo que la calidad y profundidad de una relación está determinada en parte por el entorno donde surgió. Si comenzó en una discoteca, en la escuela, en la universidad, en el trabajo, o en una organización de labor voluntaria… El punto de partida afecta la ruta que tomará una relación. Y creo que una cueva es el lugar apropiado para iniciar relaciones diferentes, duraderas, profundas. Eso no quiere decir que una relación está predeterminada por su punto de inicio. Cada relación requiere tiempo, comunicación, y esfuerzo para que pueda crecer y convertirse en una duradera. Hay un dicho en inglés que dice:

«People show up in your life for a reason, a season or a lifetime.»

"Las personas aparecen en tu vida por una razón, por una temporada o por toda la vida". Cada relación requiere inteligencia emocional e intención para, primero, determinar si será duradera o pasajera, y para descubrir si será en solo una faceta de nuestra vida (profesional, social, familiar, entretenimiento) o en varias. Podemos definir inteligencia emocional como la "capacidad que tenemos para reconocer nuestras propias emociones y las de los demás, discernir entre diferentes sentimientos y etiquetarlos apropiadamente, utilizar información emocional para guiar el pensamiento y la conducta, y administrar o ajustar las emociones para adaptarse al ambiente o conseguir objetivos". Es extremadamente importante poder reconocer las emociones de los demás en una situación de alto riesgo como explorar una cueva. Y hace una gran diferencia poder responder a estas con empatía y comprensión.

Cuando Steve vio mis dificultades con la pesada mochila en Cueva Ángeles, pudo reconocer mi desesperación y mi temor y responder con empatía y ayudarme. De la manera en que lo hizo dejó una huella permanente en mí. Tal vez por las experiencias previas en otros entornos de mi vida esperaba que hubiese burla, o presión para que me esforzara más, pero no fue así. Steve reaccionó de una manera inesperada para mí, y con el paso del tiempo descubrí que además muchos colegas espeleólogos se comportan de igual manera. Que el tipo de actividad que hacemos, en el entorno en que la realizamos requiere que administremos o ajustemos las emociones para adaptarnos al ambiente y conseguir objetivos. Es esencial tener empatía con nuestros colegas.

Eventualmente desarrollé esa forma de pensar y actuar, primero en la espeleología, y luego en otras facetas de mi vida. En SEPRI estuve a cargo de enseñar y capacitar a los nuevos socios para que adquirieran el conocimiento, el equipo y las destrezas necesarias para iniciar su camino espeleológico. Además, los acompañaba en este camino de superar miedos, ganar autoconfianza y manejar sus emociones en cada actividad. Con el tiempo eso también se vio reflejado en otras áreas de mi vida tanto personal como profesional. Descubrí la necesidad y utilidad de la empatía en mi vida.

También descubrí que cada persona busca su propio bienestar. Por lo general, la mayoría de las personas no buscan hacer daño a los demás. Pero el bienestar propio no siempre está alineado con el bienestar de los demás; incluso la búsqueda de mi bienestar puede afectar de manera desfavorable a los demás. Muchas veces he pensado que alguien hace algo "por fastidiarme", por hacerme daño, y que "la tiene en contra mía", pero normalmente no es así. Si alguien busca una posición más alta en su trabajo, lo hace pensando en su bienestar, aunque eso interfiere negativamente con el deseo que otros tienen de conseguir esa posición.

Me ha ayudado mucho el reconocer que todos actuamos por nuestro bienestar, y no por afectar negativamente a los demás. En aquel conflicto en SEPRI en 1996, la mayoría estaba buscando su propio bienestar, y defender sus creencias y opiniones. Tal vez algunos tenían alguna mala intención, pero la mayoría no buscaban dañar a los demás. Aprendí dos lecciones que me ayudaron a poder conversar y reconectar con Steve en Carlsbad y me ayudaron a regresar a SEPRI y acercarme con algún temor a personas que pensaba la relación se había dañado permanentemente. Me ayudaron a retomar mi vida espeleológica.

1. La empatía debe ser una herramienta que cargas contigo y usas constantemente.
2. Reconoce que la gente no está en tu contra; están por ellos mismos.

Estas dos lecciones me ayudaron a descubrir cuáles personas estaban en mi vida por una razón, por una temporada, o por toda una vida. Y tratar de dar lo mejor de mí sin importar que fuera por una razón, por una temporada o por toda una vida.

IX.

LA BENDICIÓN DE TENER UN MENTOR, Y SER UN MENTOR

«Un mentor es alguien que ve más talento y capacidad dentro de ti que los que tú ves en ti mismo y te ayuda a sacarlos».

—BOB PROCTOR

El rescate

Wito ya había visitado Cueva Ángeles anteriormente. Meses atrás otro amigo y él decidieron pagar por una excursión comercial que visitaba esa cueva. Es normal que, aunque una cueva sea visitada frecuentemente, no se haya explorado en su totalidad y siga siendo objeto de exploraciones formales. La compañía que llevaba las excursiones era muy profesional y preparada. Pero siempre es posible que en una actividad de alto riesgo como esta ocurran contratiempos. La preparación y capacidad de los guías de esas excursiones se ponía a prueba en situaciones imprevistas. Además, siempre hay planes de contingencia y medidas adicionales en casos de haber problemas.

En aquella excursión donde Wito visitaba esa cueva por primera vez hubo problemas. Fue una situación similar; hubo una crecida en el río y el grupo tuvo que esperar por horas para salir.

Parte del plan de contingencia de la compañía incluía notificar y movilizar el Comité de Seguridad y Rescate de SEPRI si después de una hora previamente acordada no había noticias del grupo dentro de la cueva. Así Steve y el grupo de rescate de SEPRI se organizaron y apresuraron a llegar a cueva Ángeles ante el temor de que algo le hubiera pasado al grupo. El pensamiento que prevalecía en la mente de Steve era que, ante la crecida del río, el grupo estaba en un lugar seguro dentro de la cueva esperando salir cuando las circunstancias fueran apropiadas. Steve conocía la cueva y conocía a los guías de la excursión. Confiaba en su habilidad de reaccionar adecuadamente y proteger a las personas en la excursión. Y así ocurrió; cuando Steve y su grupo bajó el sumidero y luego entró a la cueva, se encontraron al grupo de la excursión que venía de salida, todos sanos y salvos.

Meses más tarde, parecía que a Wito le habían "echado un brujo", que tenía una maldición encima. La segunda vez que visitaba esa cueva y la segunda vez que quedaba atrapado por largas horas dentro de la cueva por una crecida. Hay personas que llevan explorando cuevas por años y no han vivido la experiencia de una crecida de río. Y Wito, el segundo explorador más novato del grupo (después de mí), ya vivía esa mala experiencia por segunda vez. Al menos ya había pasado por esta experiencia desagradable anteriormente y sabía que, aunque siempre puede atacar el pesimismo y la angustia, había un desenlace positivo a esta conmoción que vivíamos.

Ya habíamos cruzado el río y subido la pendiente cuando vimos luces en la distancia. Era un grupo que venía a socorrernos. Las luces se fueron acercando, los sonidos se hicieron más claros y las voces se podían reconocer. Rossano, guía principal de la compañía de las excursiones, venía a nuestro auxilio.

"¿Están todos bien? ¡Steve! ¿Estás bien?", gritó Rossano al acercarse al grupo y divisar la inconfundible silueta de Steve en la oscuridad.

"¡Sí! ¡Todo bien! ¿Dónde están las pizzas que ordenamos?", contestó Steve.

Obviamente era una broma. Pero solamente escuchar la palabra "pizza" me trajo a la mente la imagen del queso derretido, el "humito" de la masa caliente, el sabor de la salsa fresca, el pepperoni tostado en los bordes... y comencé a salivar. ¿Cómo es posible que el escuchar esa sola palabra me haya causado esta reacción, como perrito Pavloviano subterráneo? Recordé que no había probado algún alimento caliente en cerca de 14 horas. Era una verdadera tortura pensar en pizzas y alimentos calientes cuando aún nos quedaba al menos media hora para estar fuera de la cueva y el sumidero.

Nos encontramos ambos grupos y Rossano confirmó que todos estábamos bien. Saludó a algunos con un apretón de manos; a los demás con la mano en el aire desde cierta distancia. Y abrazó a Steve. Aunque fue breve, podías sin mucho esfuerzo notar que la relación entre ambos era diferente. Había respeto, admiración, cariño. Los roles se habían invertido; meses atrás Steve vino al rescate del grupo de Rossano, y ese día le correspondía a Rossano socorrer a Steve y su grupo. Pero eso es normal en la comunidad espeleológica. Hoy te ayudo, mañana tú me ayudas. Y ante el peligro y la adversidad, siempre preferimos que sean colegas espeleólogos que vengan a nuestra ayuda, porque lo que tenemos que enfrentar en una cueva, muchos rescatistas de otras especialidades no lo conocen, y algunos no lo pueden manejar.

Rossano era casi una leyenda en el ambiente de la espeleología puertorriqueña. Se inició en este campo muy joven y tenía la ventaja de ser muy atlético y ágil. Comenzó a participar en las actividades de SEPRI y desde el principio Steve reconoció su gran potencial y se convirtió en su mentor, coach y entrenador. Una de las primeras destrezas que uno debe aprender en la espeleología es *rope climbing,* el subir por cuerdas. Y entre otras cosas, Steve reconoció en Rosanno un gran potencial para poder aprender esta destreza y competir en eventos de subir por cuerdas.

Hay varias técnicas para trepar por una cuerda, desde sencillas (pero lentas y agotadoras) hasta más complejas con equipo específico y técnicas más avanzadas. El más básico de estos sistemas requería unos tres nudos prúsicos, y unos *chicken loops* (cintas amarradas en los tobillos). Con cerca de $20 podías construir tu primer sistema para subir por cuerdas. La técnica de nudos prúsicos es fundamental para cualquier espeleólogo, o alpinista; y aunque debes dominarla, es un acto de masoquismo usarla para subir por una cuerda en una situación real.

Existen otros sistemas más convenientes (y costosos) para subir cuerdas de manera más rápida y con menos esfuerzo. Básicamente estos sistemas usan aparatos mecánicos en sustitución de los nudos prúsicos. Uno de estos sistemas es conocido como *rope walker;* es un sistema que te permite subir por la cuerda "caminando", usando mayormente las piernas para subir de manera rápida y con menos esfuerzo. Y este es el sistema que Rossano usaba y dominaba. Steve había instalado en el patio de su casa un poste de metal con poleas para poder practicar subir por cuerdas. Las poleas permitían alimentar cuerda para que la persona que subía por esta recorriera una distancia sin moverse mucho en altura. En vez de subir 100 metros de altura, el practicante subía unos dos o tres metros y se comenzaba a alimentar la cuerda. De esa manera, se podían recorrer decenas de metros de cuerda solamente despegándose algunos metros del suelo. Usando el poste con ese sistema, Steve comenzó a entrenar a Rossano para que desarrollara agilidad y velocidad. Por varios meses Steve dedicó tiempo a entrenarlo para que pudiera competir en un evento en Estados Unidos.

Con la ayuda y mentoría de Steve, Rossano compitió, ganó y estableció récords en la competencia de ascenso por cuerdas con sistema mecánico organizada por la NSS. Ese logro lo convirtió en casi una leyenda. Al momento de escribir este libro, dos récords establecidos en 1987 siguen imbatibles. Más adelante, decidió intentar un nuevo proyecto creando su compañía de ecoturismo y excursiones subterráneas. Recuerdo que en una ocasión realizó una demostración subiendo con cuerdas un reconocido edificio de San Juan, ante las cámaras de un famoso programa de TV, en el canal principal de Puerto Rico. Steve había sido el mentor y entrenador de Rossano. Lo había apoyado y ayudado. Y ahora los roles se invertían.

Dicen que la mejor manera de pagar a tu mentor es convertirte en mentor de otras personas. Creo que un mentor sabe que ha hecho un buen trabajo cuando se intercambian los roles y el aprendiz apoya a su mentor. Ese día el aprendiz acudía a apoyar, a ayudar, a rescatar a su mentor. Los roles se habían intercambiado. Creo que mucho orgullo y admiración se manifestaron en ese momento.

Después de los acostumbrados chistes y bromas sobre la situación vivida, continuamos el camino de salida. Ninguno de nosotros estábamos lastimados. Así que el grupo de rescate simplemente nos acompañó en el trayecto de salida. Salimos de la cueva y llegamos al sumidero. Cruzamos el fondo del sumidero lleno de colapsos. De entrada, había sido una tortura para mí por la pesada mochila que me tocó cargar. Ahora de regreso era una contradicción sentir el alivio en el ánimo y en la mente de que ya faltaba muy poco para terminar la jornada; pero el cuerpo no respondía, no obedecía a las emociones ni a los pensamientos. El agotamiento era evidente y las rocas en el sumidero eran el penúltimo gran reto de esta aventura. Sentía un gran alivio al ver el cielo despejado, estrellado, pero no podía detenerme a disfrutarlo. Quedaba muy poco y estaba desesperado por salir.

Llegamos al otro lado donde estaba la vereda entre la vegetación. Ahora nos tocaba subir la pared del sumidero. Después de un día larguísimo, del cansancio físico de la exploración y de cargar el equipo, del estrés y el agotamiento mental y emocional por lo vivido, ahora correspondía buscar la última reserva de energía para subir. No había de otra. No había teleférico ni funicular que nos sacara de allí. Había que, paso a paso, emprender el camino con calma, con cuidado, tomando descansos frecuentes…

Después de resbalones, golpes de "despedida", múltiples paradas para recargar energía, y muchas maldiciones y juramentos de que "por la madre mía que está descansando en su casa, no vuelvo jamás a esta cueva" ...llegamos al tope del sumidero. Agradecidos de encontrar otra vez terreno horizontal, caminamos lenta pero firmemente a nuestros vehículos.

Con el paso del tiempo descubrí lo especial de este último tramo en esta y cada exploración. Fuera de la cueva, camino por una vereda relativamente plana, horizontal, fácil. Cansado y agotado, sin ánimo de conversar... simplemente "converso" con mi respiración, con mis pensamientos. Esas últimas gotas de sudor, esos últimos jadeos son, diría yo, diferentes. Repaso todo lo ocurrido y todo lo que pudo ocurrir. Es una sensación rarísima: cansancio, satisfacción, por momentos decepción, paz y tranquilidad ante la certeza, la cercanía del final. Ese último tramo me permite reflexionar, y siempre me obliga a crecer.

Repasé la historia vivida ese día: la trama y sus personajes. Recordé la frustración y decepción sentida en la mañana cuando Wito apresuró el paso y me dejó atrás con la mochila-verdugo. Esa sería una de las muchas travesuras y situaciones que le perdonaría a Wito a lo largo de nuestra amistad. También reviví el alivio del momento cuando Steve me ayudó y asumió el liderazgo del grupo para mi gran beneficio. Creo que ese día nació un héroe para mí.

Con el paso de los años pude cultivar, analizar y disfrutar la relación con Steve. Maestro, consejero, narrador de historias, amigo, y mentor. Ese día le conocí mejor en otras dimensiones. A partir de ese día lo comencé a ver como un gran mentor en mi vida, aunque tal vez no conocía bien ese concepto. Definido de manera sencilla, un mentor es una persona que, con mayor experiencia o conocimiento, ayuda a una persona de menor experiencia o conocimiento. Contrario a un *coach* o un consejero, un mentor ha recorrido el camino que el *mentee* o aprendiz desea recorrer. Un mentor ya tiene el conocimiento y la experiencia necesaria para apoyar a su aprendiz. Pero hay algo que creo que hace la verdadera diferencia: la actitud correcta.

Un mentor tiene el deseo genuino de ayudar a su aprendiz, muchas veces sin recibir remuneración económica. Además, un buen mentor tiene la capacidad de ver las posibilidades y el potencial del aprendiz. Incluso cree en su aprendiz aun cuando este no pueda creer en sí mismo. Steve pudo ver en Rosanno el potencial, las posibilidades, y le ayudó a lograr sus metas. Esa es la gran bendición de encontrar un gran mentor. El mentor reconoce el potencial de su aprendiz, y lo resalta, se lo muestra a este para convencerle de que puede recorrer el camino, que puede alcanzar sus metas. Le acompaña en el camino, le apoya. Le recuerda su meta y lo impulsa a alcanzarla.

Resumiendo, creo que un mentor es un guía y mapa para crecer y alcanzar las metas deseadas. Como guía te presenta la ruta que debes seguir. Esa ruta está en el M. A. P. A.:

Modelo: el mentor es un ejemplo. Tiene las cualidades y trayectoria que el aprendiz desea emular.

Acompañar: El mentor acompaña en el proceso de aprendizaje, escucha las dudas y comentarios, y sigue el crecimiento del aprendiz.

Potencial: El mentor ve el potencial del aprendiz y lo impulsa a crecer, a construir sobre ese potencial. Además, provee nuevas experiencias y oportunidades para poner a prueba ese potencial.

Apoyo: El mentor ayuda a resolver problemas y superar obstáculos en el camino.

Si bien el mentor sirve de guía y M.A.P.A para el aprendiz, también hay beneficios que recibe el mentor en esta interacción. Primero, la satisfacción de poder ayudar a alguien a crecer y progresar. La alegría y la admiración al ver el potencial convertirse en resultados, en metas alcanzadas. Ver que el esfuerzo y trabajo de un aprendiz rinden frutos; eso es verdaderamente gratificante. Pero para mí lo realmente importante es cuando el aprendiz obliga al mentor a crecer, a aprender más para poder seguir ayudando. En mi caso he tenido la grata experiencia de ver aprendices que me obligan a estirarme, a expandirme, a leer, a estudiar, a practicar para seguir ayudando. Incluso hay una extraña alegría cuando ves a tu aprendiz "superarte", cuando busca apoyo y mentoría en otras personas y lugares porque ya no puedes ayudarle a crecer. Tal vez hay algo de nostalgia y apego hacia el aprendiz, pero ver que el crecimiento sigue y que ayudaste en una etapa de ese crecimiento te da una satisfacción increíble.

No sé si alguien me considera su mentor espeleológico. Steve lo fue para mí. Y estoy eternamente agradecido con él. En otras áreas de mi vida, he podido ser mentor de varias personas. He ayudado a varios a desarrollar sus destrezas de comunicación, oratoria y creación de contenido en podcasts. He sido mentor de algunas personas que me han superado y siguen creciendo de una manera en la cual ya no les puedo apoyar. Incluso, alguno ha regresado a mí a apoyarme y enseñarme algo que no sabía. Hay una magia especial en esos momentos cuando el aprendiz se vuelve mentor. Así como aquel día Rossano acudió al rescate de Steve en Cueva Ángeles.

X.

EL PROCESO NUNCA SE DETIENE

«Sin crecimiento y progreso continuos, palabras como mejora, logro y éxito no tienen significado».

—BENJAMIN FRANKLIN

El viaje de regreso

Puedes pensar que ya todo se acabó en este punto. Pero no... Llegamos al área donde habíamos estacionado los vehículos. Me quité la ropa mojada; me quité aquellas odiosas botas. Me sequé con una toalla, me puse ropa seca y busqué alguna merienda que tenía guardada en el vehículo. No era una comida caliente, pero al menos aliviaría mi hambre. Ya eran las doce de la medianoche y no esperábamos encontrar algún lugar abierto a esa hora con comida caliente.

No teníamos energía ni ánimo para despedirnos. Le dijimos adiós a Steve con un apretón de manos y un "gracias por todo"; y una despedida de lejos al resto del grupo. Wito se puso al volante y salimos de aquel lugar. Pronto llegamos a una carretera asfaltada; nos restaban una hora y 45 minutos de viaje y ambos estábamos más que exhaustos. El cansancio era tanto que no había ánimo para conversar.

"Oye, no te puedes dormir. Tienes que vigilarme y no dejar que yo me duerma", dijo Wito.

No era suficiente con que ya estaba agotado y mis ojos se querían cerrar. Tenía que obligarme a permanecer despierto por casi dos horas. Si yo cabeceaba, si cerraba mis ojos, no había garantía de que los abriera en pocos segundos, y mucho menos que Wito se mantuviera despierto. Ese viaje de regreso fue casi tan memorable como la aventura en la cueva. Me esforzaba por mantener los ojos abiertos. Ya habían transcurrido casi 20 horas despierto y cerca de 14 horas dentro de aquella cueva. Aunque me obligara a no cerrar los párpados, mi mente no procesaba igual lo que los ojos transmitían. Mi cerebro ya no funcionaba normalmente.

"¡Wito! ¿Qué es eso?", grité de repente. "No, no, no… deja, déjalo. ¡No era nada!", dije casi inmediatamente al darme cuenta de que todo estaba normal en la carretera.

No había animales extraños en el pavimento, no había dibujos raros en los letreros ni textos ilegibles en las señales de tránsito. Era que por algunos instantes alucinaba, veía cosas rarísimas. Por suerte casi instantáneamente me daba cuenta de lo que ocurría, me disculpaba y le explicaba a Wito. Esto me pasó como tres veces. Lo positivo es que estas alucinaciones momentáneas, y la recuperación casi inmediata, hacía que Wito se despertara y se riera un rato de lo que estaba pasando. Por suerte, los sustos y las risas nos ayudaron a mantenernos despiertos y llegar en una pieza cada cual a su hogar, pero la historia de las alucinaciones sería repetida muchas veces, y nos reiríamos en muchas ocasiones de esa parte de la historia.

La experiencia vivida en cueva Ángeles ese día fue el primer paso a tomar en serio ese pasatiempo de la espeleología. Un año después, en 1994, tomé mi primer curso de Rescate en Cuevas de la NCRC. En los próximos años seguí tomando los próximos niveles de adiestramiento hasta convertirme en instructor en 1996. Conocí a gente extraordinaria e hice grandes amigos que han perdurado toda mi vida. He compartido mi conocimiento en Puerto Rico, Cuba, Costa Rica y Estados Unidos. Más adelante me adiestré en Rescate en Ríos y me convertí en Instructor. También estudié Búsqueda y Rescate y me certifiqué como instructor de NASAR.

Mirando atrás puedo ver y entender que ese día determinó el camino que seguí por muchos años. Y que fácilmente, tal vez por uno o dos pequeños detalles, mi vida pudo haber sido diferente. Pude haberme frustrado, decepcionado y alejado de la espeleología. La temprana falta de trabajo en equipo, la maldita mochila, las botas incómodas, el quedar atrapado en la cueva por muchas horas, la posibilidad de vivir momentos trágicos... Todas esas cosas pudieron haber inclinado la balanza en la otra dirección. Pero varias cosas evitaron que esto sucediera; la ayuda y apoyo de Steve, el trabajo en equipo en los momentos determinantes, el apoyo mutuo entre los exploradores ante la adversidad, la belleza de la cueva...

Hay un cuento muy repetido sobre cómo la industria de productos de aseo personal logró duplicar las ventas de champú con sólo añadir una palabra en cada envase: la palabra "repetir". Aunque suena muy ingenioso, el origen de esta historia fue en una novela, una obra de ficción de la década del 90, y no es real. Sin importar su origen, estas compañías se benefician de la simple instrucción "repetir". Y es un concepto muy ingenioso que he incorporado en mi vida. Bueno, no me refiero a lavarme el cabello y usar champú (¡Obviamente! ¿O acaso no has visto mi foto en la contraportada?). Me refiero al beneficio de la práctica constante, de las experiencias repetidas.

Si después de ese día de 1993 hubiese decidido no continuar en la espeleología me hubiese perdido de mucho. De todos modos, si me hubiese quitado al menos tendría una buena historia que contar y un renglón tachado de mi *bucket list*, pero me hubiese perdido mucho aprendizaje, crecimiento, amigos, viajes, experiencias, algunas tristezas, pero muchas alegrías y satisfacciones. Después de esa exploración en cueva Ángeles decidí REPETIR una vez más. Y otra vez más. Y otra... Y hoy día puedo mirar atrás con satisfacción y reconocer todo lo recorrido, todo lo vivido, porque la práctica continua e intencionada, y las experiencias repetidas te llevan al verdadero aprendizaje, al progreso irreversible, al cambio permanente.

Gracias a que decidí «lavar, enjuagar, REPETIR», crecí mucho en la espeleología, tuve una carrera en tecnología por más de dos décadas, he publicado más de 260 episodios hasta la fecha en mi podcast, he seguido las recomendaciones de Rodrigo Llop y hoy escribo las últimas páginas de este libro. Así como conocí a Rodrigo en el mundo del *podcasting,* he conocido a muchas otras personas que se han convertido en amigos y mentores. Uno de ellos es Rubén González, el principal responsable de que haya escrito este libro.

Rubén tiene una historia increíble. Resumiéndola, él ha representado a Argentina en el deporte del *luge* en cuatro olimpiadas de invierno, en cuatro décadas diferentes:

1988 Calgary, Canadá
1992 Albertville, Francia
2002 Salt Lake City, Utah, Estados Unidos
2010 Vancouver, Canadá

Al momento de escribir este libro está en búsqueda de clasificar para competir en lo que será su quinta olimpiada de invierno en Milán-Cortina d'Ampezzo (Italia) 2026. Cuando lo logre (porque sé que lo logrará) tendrá más de 60 años y dejará una huella en la historia olímpica. Todo esto a pesar de que Rubén consideraba que no tenía potencial atlético, no conocía el deporte del luge, y Argentina no tenía un equipo para ese deporte. Lo que sí tenía Rubén era determinación, perseverancia y un sueño olímpico.

Rubén ha sido un gran mentor e influencia en los años recientes. En cosas tan sencillas como cuando no tengo deseos de levantarme a ejercitarme; pienso que Rubén está entrenando para competir en unos juegos olímpicos de invierno, mientras yo pongo excusas para no ir al gimnasio o caminar por el vecindario. Y en cosas más significativas como en impulsarme a escribir este libro, y hacer crecer mi carrera como conferencista. ¡Gracias, Rubén!

Como ya he mencionado antes, el primer mentor en mi vida

fue Steve Segal; quien se convirtió en una gran influencia en mi vida, un mentor, un amigo. Siempre quise tener su conocimiento, su facilidad de enseñar y comunicar, pero lo más importante, ansiaba tener la influencia que él tenía sobre los demás, la admiración y el respeto que los demás sentían por él. Muchos años después Steve terminó siendo el padrino de mi boda.

En mi boda, de izquierda a derecha: Efraín Mercado, Mimi Ortiz, Susan J. Thrasher, Steve Segal y su esposa Carmen González

Luego pasó a ser ejemplo y modelo que seguir para mi hijo. Creo que mi vida ha sido mejor porque ese día Steve me tendió una mano amiga, me apoyó y me defendió. ¡Gracias, Steve, por todo! La historia no terminó al llegar a mi hogar aquella madrugada agotado, hambriento y adolorido. La verdadera historia comenzó en ese momento y continúa cada nuevo día.

XI.

COMIENZA AHORA CON LO QUE TIENES A LA MANO

«No esperes. El momento nunca será el adecuado. Empieza donde estés ahora, trabaja con lo que tengas a tu disposición y encontrarás mejores herramientas a medida que sigas adelante».

—NAPOLEÓN HILL

Empieza con lo que tienes

El proceso de aprendizaje en la espeleología me tomó varios años. Bueno, al menos para tener las destrezas y el conocimiento para llegar a ser un explorador autosuficiente y útil. Porque, como cualquier otra especialidad en la vida, el aprendizaje no se detiene si quieres crecer y tienes la excelencia como uno de tus valores.

El aprendizaje incluía las destrezas de manejo de equipos de descenso y de ascenso por cuerdas. Bajar por cuerdas es más sencillo y de menor esfuerzo físico que el subir por la cuerda. Además, los sistemas de ascenso requieren más equipo y son más complejos. También, para lograr mayor eficiencia y comodidad, estos se ajustan a las medidas del cuerpo de la persona que lo usa. Un descenso por cuerdas es relativamente rápido, mientras que el ascenso es tedioso, agotador y toma mucho más tiempo.

Frecuentemente SEPRI realiza prácticas de descenso y ascenso por cuerdas. La intención es dominar los equipos y su uso en situaciones normales y aprender cómo superar situaciones imprevistas y complicaciones que pueden surgir. Es muy importante practicar en diferentes lugares como edificios (superficie con pocos obstáculos), acantilados (superficie irregular y obstáculos), puentes o estructuras (caída libre sin obstáculos) y cuevas y sumideros.

Uno de los lugares donde practicamos en varias ocasiones se le conoce como Hoyo Maldito. Este es un sumidero por colapso relativamente pequeño. Además, habían construido una escalera de metal en uno de sus lados. Se practicaba en uno de sus lados donde la caída es de unos 40 pies (12 metros). La altura y la dificultad era muy apropiada para practicar en un entorno real, con suficiente dificultad para retar, pero con facilidad para poder repetir y practicar. En la primera ocasión que practiqué allí estaba en mis inicios y tenía un equipo básico: un arnés de escalada marca REI, mosquetones de aluminio con seguro, mi casco de construcción adaptado a la espeleología, un aparato de descenso un tanto raro llamado *sidewinder*, y un set de nudos prúsicos para ascender.

El sistema de nudos prúsicos es el más básico de todas las alternativas para ascender. Es muy simple y económico, pero es muy lento, tedioso y agotador. La mayoría de los espeleólogos aprenden su uso cuando se inician, pero luego buscan cambiarlo por otro sistema más eficiente tan pronto ya tienen el presupuesto para pagarlo. La diferencia en precios es marcada: un sistema de nudos prúsicos puede costar cerca de $30. Pero cuando decides mejorar tu sistema de ascenso debes empezar a pensar en invertir sobre $100, de acuerdo con la complejidad del sistema. Por eso, antes comprar un sistema de ascenso debes practicar y probar varios sistemas antes de hacer la inversión.

En una ocasión que practicamos en Hoyo Maldito, hice el descenso y ascenso con el equipo que tenía: el *sidewinder* para descender y mi set de nudos prúsicos. Tal vez no lo has entendido bien con lo que he explicado hasta ahora, pero subir por cuerdas con nudos prúsicos es, y lo repito con letras mayúsculas, LENTO, TEDIOSO y AGOTADOR. Si ves a un espeleólogo subiendo por una cuerda con nudos prúsicos, puedes estar seguro de que es por una de tres razones:

1. Es un principiante y está aprendiendo los fundamentos

2. No tiene presupuesto para comprar un equipo con aparatos mecánicos

3. Es un MASOQUISTA

Subir un tramo de cuerda con unos nudos prúsicos toma sobre cuatro veces más tiempo que subirlo con un sistema con aparatos mecánicos. Y mientras más tiempo estás colgando de una cuerda, más cansado y adolorido puedes terminar.

Ese día descendí varias veces por la cuerda. Y creo haber subido con mis nudos prúsicos en dos ocasiones. Las demás ocasiones usé la escalera para evitar la tortura de subir la cuerda con prúsicos. Ya mi frustración con ese sistema era evidente y TENÍA que buscar la manera de comprar equipo de ascenso adicional para crear mi sistema mecánico. Aproveché que tenía al gurú cerca, Steve Segal, para preguntarle sobre sistemas de ascenso.

"¡Oye, Steve! Te quiero preguntar, ¿cuál es el mejor sistema para subir por la soga?"

"Bueno... eso depende...", me contestó Steve, con un tono impreciso, tal vez evadiendo una pregunta que pudiera iniciar una larga conversación.

"¡Ajá! ¿Depende de qué?"

"Pues... es que son varios factores que tienes que considerar...", añadió Steve, aún no muy convencido de querer abundar en el tema. No pronuncié palabra, pero mi mirada le envió el mensaje claro de que estaba esperando una respuesta con más sustancia.

"¿Tú estás usando prúsicos?", preguntó, no muy involucrado aún en la conversación. Le contesté afirmativamente con un movimiento de cabeza.

"Bueno; déjame ver cómo te lo explico... Mira, yo pienso que el mejor sistema, el mejor equipo es el que tienes.... si sabes usarlo", añadió poniéndose un tanto filosófico cuando yo esperaba una respuesta práctica.

"¿Ok?"

"¿Ya tu dominas los prúsicos?", preguntó, y en esta ocasión ya mostraba algo de interés.

"Pues, sí", le contesté y continué con una larga explicación de todo lo que había practicado con ese sistema.

Un set de nudos prúsicos consta de tres lazos (*loops*) de cuerda delgada que se conectan a la cuerda principal, por donde subiremos, con nudos de fricción. Estos nudos de fricción agarran firmemente la cuerda cuando se les aplica fuerza o peso. Y pueden moverse o deslizarse sobre la cuerda al quitarles el peso y aflojarlos levemente con la mano. Estos tres lazos están conectados al explorador: uno al arnés (cintura), otro al pie derecho, y el último al pie izquierdo.

Le expliqué que había practicado en múltiples ocasiones con el set de prúsicos, incluyendo dos ascensos ese día. Además, habíamos practicado con situaciones extremas donde solo contamos con dos nudos, y hasta con uno solo. Creo que en alguna escena de una película de James Bond habíamos visto cómo había subido por una cuerda usando los cordones de sus zapatos para crear prúsicos. Aunque odiaba esos nudos, me había encargado de aprender bien su uso, aún en situaciones críticas y poco probables.

Creo que ya lo había convencido con lo que le había dicho. Estaba demostrado que había aprendido más que suficiente, incluso más de lo requerido.

"Pues, déjame felicitarte. Creo que lo has hecho muy bien. Si sabes subir una cuerda con un solo nudo, puedes subir con cualquier cosa", dijo Steve y automáticamente se asomó una sonrisa de satisfacción en mi rostro.

"Es que hay mucha gente que viene a donde mí a preguntarme lo mismo que tú. Y me encuentro con algunas personas que les encanta comprar y coleccionar equipo. Simplemente para tenerlo, para que los demás vean lo que tienen. Y no se preocupan por aprender a dominar su uso... lo más importante es que sepan usar lo que tienen. Y lo segundo, que lo tengan encima cuando les haga falta. Un *ropewalker* es chulísimo... es un paseo subir una soga con ese, pero es el más costoso. Y además es mucho equipo, ocupa mucho espacio en tu mochila", añadió Steve, ya en completa confianza y sinceridad conmigo.

"Mira, con estas tres soguitas, si sabes amarrar tres prúsicos, ya te resuelves. ¡No es el más rápido ni el más fácil! Pero es el más básico y sencillo. Necesitas dominar los fundamentos. Tienes que primero llegar a la orilla antes de querer cruzar el charco. Yo te recomiendo que empieces poco a poco. Cómprate primero cualquier *ascender* que puedas pagar. Ya sea un *Petzl ascender*, o un *Gibbs*, el que te den los chavos. Y sustituyes el prúsico del pecho por ese. Vas a ver cómo eso te ayuda un montón. Después, cuando mejore el presupuesto, sigues comprando equipo poco a poco y terminas montando el sistema que funcione para ti", soltó Steve ya en plena confianza de compartirme su sabiduría "el que tienes...", "si sabes usarlo...", "que funcione para ti...". Esas tres frases se me grabaron en la mente y han afectado no tan solo la compra de nuevo equipo y mis hábitos de consumo, sino mi filosofía de vida.

En muchos pasatiempos, por ejemplo, el ciclismo, la selección y compra de equipo y vestimenta es casi un deporte en sí. Muchos buscan el equipo y la vestimenta más sofisticada, llamativa, y que muestre a todo el mundo su calidad y en especial, su alto costo. *Jerseys* de ciclismo con telas que "respiran" y a la vez son aerodinámicas. Pantalones cortos apretados con acojinamiento para una experiencia cómoda... es posible que esa pieza de ropa cueste más que la primera bicicleta que tuviste de niño. Además de función, hay un gran elemento de exhibición en el equipo y vestimenta que usamos. Adquirimos cosas para usar, pero también para exhibir.

En el caso de la espeleología es algo diferente. La vestimenta que usas terminará llena de lodo y sucia, posiblemente apenas se distingan sus colores. Tu mochila se arrastrará por pasillos fangosos, y paredes abrasivas. Tu casco recibirá golpes (y rayados) frecuentes. Incluso, en muchos momentos escogerás equipo y vestimenta pensando que se estropeará y se desgastará. Escoges tu equipo por su función y características, y no tanto por su apariencia. Esto no quiere decir que estamos exentos de caer en esta carrera de adquirir la "nueva y mejorada" pieza de equipo o vestimenta de "última generación", pero los criterios usados son diferentes: funcionalidad, durabilidad, sencillez y confiabilidad.

Además, cuando hablamos de equipo de ascenso y descenso por cuerdas, nuestra vida depende, y pende, de cada pieza de equipo que usamos. Queremos que cada equipo que te conecta con la cuerda, o frena tu descenso, o agarra la cuerda para ascender, sea confiable y cumpla o exceda estrictos requerimientos de seguridad. Puede que tu peso sea menor que 1 KiloNewton (224.81 libras, 102 kilos) pero el mosquetón que conecta tu arnés con la cuerda está construido para soportar hasta 24 veces ese peso (24 KiloNewton). Todos los buenos equipos están probados y comprobados para ser seguros y confiables.

«el que tienes…»

Escoger el equipo apropiado es un proceso de ensayo y error. Hay muchos factores que se toman en cuenta. Por ejemplo, consideremos un aparato de descenso por cuerdas (rappel device). Hay múltiples opciones: materiales, tamaños, formas, y métodos de operación. Varios de estos factores no pueden ser evaluados cuando estás en una tienda y tienes el equipo en tus manos.

- ➢ ¿Cuánto pesa? Recuerda que tienes que cargarlo en tu mochila o conectado a tu arnés por horas en tu exploración. Y varias onzas pueden sentirse como libras al paso de las horas.
- ➢ ¿Funciona bien cuando la cuerda está mojada o sucia? Puedo probar el aparato con una cuerda nueva, seca, flexible, pero eso no me confirma cómo funcionará cuando la cuerda está

mojada, llena de lodo y tierra, o cuando la cuerda no es tan manejable.

➢ ¿Su tamaño es apropiado? Ese equipo ocupará espacio valioso en mi mochila. Además, a veces equipos compactos (Petzl *Stop*) no tienen las capacidades que equipos más grandes y ajustables (*rappel bar rack*).

Escoges equipo pensando que te será útil solo si puedes tenerlo contigo cuando lo puedas necesitar. Si escogiste bien y tomaste en cuenta el peso y el tamaño, se te facilitará llevarlo contigo. Hay todo un proceso mental en la decisión de llevar alguna pieza de equipo: debes considerar a qué lugar irás, y las condiciones que te encontrarás, tanto las normales como en el peor de los casos. La creatividad e ingenio son muy importantes. Por ejemplo: un buen explorador lleva un pequeño botiquín de primeros auxilios, pero un kit comercial no es la mejor opción. Normalmente cada explorador crea su propio kit, con las medicinas y herramientas que le son más útiles, empacados en un recipiente plástico, buscando minimizar el tamaño y optimizando su contenido. Así puedes tenerlo cuando realmente lo necesitas. Otro ejemplo, si visitas una cueva relativamente sencilla, a la que puedes entrar caminando, no llevarás todo tu equipo de descenso y ascenso por cuerdas, pero llevarás al menos una cuerda corta y algún equipo por si surge algún problema. Y si la cueva es seca no llevarás un chaleco salvavidas. En mi caso no llevaba todo ese equipo a la cueva, pero lo tenía cerca de mí. Lo llevaba y lo dejaba en el vehículo por si acaso. Primero, escoger bien el equipo. Segundo, tenerlo a la mano.

«si sabes usarlo...»

En la espeleología hay una variedad de equipos y sistemas para una misma función, pero no se operan de la misma manera. Por ejemplo, para descender por una cuerda utilizas aparatos de descenso como la figura 8, la "rapelera" (*rappel bar rack*) y la bobina (*Petzl Stop*). Mientras en muchos aparatos tienes que aplicar fuerza para frenar sujetando la soga, en la bobina es lo contrario: aplicas fuerza para moverte y descender. Esto puede parecer "antinatural" o ilógico para las personas que no conocen este equipo. Si no conoces su uso apropiado, un equipo puede ser una desventaja, incluso hasta un peligro. Por ejemplo, si usas una bobina, y no la dominas, es posible que en una situación imprevista por instinto tu reflejo sea apretar el aparato. Y esto significa que descenderás en vez de frenar, terminando lastimado o malherido. Tienes que saber cómo usar y dominar el equipo que tienes.

«que funcione para ti...»

Esta forma de pensar la aplico a todo en mi vida. En un mundo de consumismo exagerado, obsolescencia programada y publicidad constante es muy fácil comprar "equipo" por las razones equivocadas; por tener la última tendencia en la tecnología o en la moda, por seguir la presión de grupo y las comparaciones, por mi imagen en las redes sociales, o por la imagen que me vende una campaña publicitaria. Cada equipo, servicio, herramienta, y capacitación que adquiero en mi vida implica: escoger bien, tenerlo accesible y disponible cuando lo necesite, tener el conocimiento y práctica para saber usarlo.

Hay un concepto muy popular en las redes sociales e internet: EDC - *EveryDay Carry*. Para algunas personas se vuelve casi una obsesión. EDC es la práctica de descubrir, experimentar y probar equipo y herramientas que pueden cargar consigo cotidianamente para conseguir utilidad, autosuficiencia y preparación. Tal vez una herramienta multiusos, una cuchilla plegable, o una linterna compacta. Aunque no soy tan fanático ni obsesivo del concepto de EDC tradicional, lo aplico a mi vida cotidiana, personal y profesional. Siempre busca las mejores herramientas para ser más productivo y autosuficiente.

Como conferencista siempre voy preparado con mi computadora portátil, mi material, presentaciones, y equipo de apoyo para poder enfrentar situaciones imprevistas. Con la evolución de la tecnología y la inteligencia artificial, salen constantemente productos, sistemas y servicios que tengo que analizar y decidir si me serán de utilidad. ¿Tengo que crear una cuenta en esta nueva red social? ¿Tengo que seguir esta nueva tendencia en la creación de contenido o en el marketing digital?

Y eso puede aplicarse a herramientas físicas, equipos tecnológicos, tus destrezas, o simplemente las personas que te rodean. ¿De qué te sirve tener la computadora más actualizada, con la programación más avanzada, si no sabes usarla? ¿De qué te sirve tener acceso a la versión más potente de un sistema de inteligencia artificial si no sabes hacer las preguntas correctas? ¿De qué te sirve tener un equipo de trabajo con unos currículos extraordinarios, pero no puedes comunicarte efectivamente, si no puedes manejarlo y maximizar su productividad y creatividad? O simplemente, ¿piensas que tu equipo podrá alcanzar sus metas cuando tengas a un nuevo empleado que tenga esta nueva certificación?

Cada vez que se publica un nuevo libro, o sale un nuevo curso, capacitación o certificación, ¿debo adquirirlo? Escoger bien, la accesibilidad y disponibilidad, y mi conocimiento y dominio son factores importantes para lograr utilidad, productividad, autosuficiencia y preparación en lo que hago. "La mejor herramienta, el mejor equipo es el que tienes a la mano... si sabes cómo usarlo".

Napoleón Hill dijo:

«No esperes. El momento nunca será el adecuado. Empieza donde estés ahora, trabaja con lo que tengas a tu disposición y encontrarás mejores herramientas a medida que sigas adelante».

Comienza ya. Usa lo que ya tienes. En el camino aparecerán nuevas y mejores herramientas; aprende a usarlas y continúa tu caminar.

Cristóbal Colón

Agradecimientos:

Quiero perpetuar mi agradecimiento en estas palabras impresas a varias personas que me han acompañado en el tramo final de esta carrera. A Rodrigo Llop, fuiste inspiración e influencia para crear mis podcasts. Has hecho que me enamore de la escritura y el *storytelling*. Gracias por apoyarme y acompañarme en la creación de este libro, transformando mi vida en el proceso. A Rubén González, tú enriqueces mi vida primero, al escuchar y leer tus libros, al ver tus discursos y conferencias, al conversar para mi podcast, y darme soluciones para mis preocupaciones y retos, al recibirme en tu hogar y permitirme conocer el Olympia Café. Gracias por tu increíble generosidad al compartir tu conocimiento y experiencia, empujarme y ayudarme a escribir este libro. Nunca podré agradecerte lo suficiente.

También quiero agradecer a quienes han estado ayudándome y apoyándome durante años. A Marinés Rivera, desde ser mi mentora en Toastmasters hasta ser la primera editora de este libro, gracias por todas las ayudas y aportaciones durante ese camino. Mi vida es mejor porque te conozco. A Elbia Quiñones y Rubén Huertas, ustedes me apoyaron y me mostraron el camino cuando yo no pensaba que lo podía recorrer. Han sido mis mentores y ejemplos para emular. A Martiña Reyes y Giovanni Piereschi, ustedes vieron potencial en mí y me mostraron aquello yo no podía ver. Giovanni... aunque no estés aquí, siempre buscaré honrarte con mis palabras y mi ejemplo.

A todos los compañeros de la Sociedad Espeleológica de Puerto Rico, al equipo OrganiSAR: Julio Rodríguez Planell, José Baeza y Steve Segal. A la familia Gerena Agrinsoni quien me abrió sus brazos y me "adoptó".

A mi esposa Grisselle (¡MVP!), quien me apoya incondicionalmente, incluso cuando decidí dejar muchas cosas atrás y reinventarme. Y a nuestros hijos, Angélica e Ismael, el bienestar y felicidad de ustedes ha sido el norte de nuestras vidas.

Fotos

Cuando "jugábamos" con cuerdas, sin haber tomado alguna clase. De izquierda a derecha Albert Albino, yo, Luis R. Rodríguez "Wito".

Sumidero Tres Pueblos, entrando río abajo. Con Ismael Grullón Gómez. Foto: Ronald T. Richards/SEPRI.

Adiestramiento NCRC.
Steve Hudson, Mariel Padilla, Roberto Miranda, Daisy Marzán, Efraín Mercado, Steve Segal, Carlitos Ruiz y yo.

Adiestramiento de Búsqueda y Rescate de NASAR en San José, Costa Rica. Erick Méndez, Susan J. Thrasher, Marie Montes (SEPRI), y yo.

Instructores de adiestramiento de NASAR: José Baeza, yo, Julio Rodríguez, y Steve Segal.

Made in the USA
Middletown, DE
15 October 2024